東京メトロのしくみ

徹底カラー図解

マイナビ出版編集部（編）　東京メトロ（協力）

本書の見方

カラー写真＆解説
列車の走行風景や車内の様子をカラー写真で紹介しています。

データ
本ページで紹介する列車について、路線距離や運行区間、路線駅数などの詳細データを掲載しています。

用語解説
本文の中で使われている重要な語句や難しい用語を解説しています。

路線図や車両形式図
本ページで紹介する路線図や車両の形式図などについて、カラー図解やイラストを使って解説しています。

ポイント
本ページで紹介する内容のポイントをまとめています。

豆知識
本文で取り上げた用語を補足したり、内容についての関連情報を掲載したりしています。

CONTENTS

本書の見方 ……………………………………………… 3
東京地下鉄路線図 ……………………………………… 8

第1章 東京メトロの魅力 …………… 10

東京メトロの全体像 ………………………………… 12
路線ごとの特徴 ……………………………………… 14
東京メトロの駅のタイプ …………………………… 16

第2章 各路線の紹介 ………………… 18

銀座線 ………………………………………………… 20
丸ノ内線 ……………………………………………… 22
日比谷線 ……………………………………………… 24
東西線 ………………………………………………… 26
千代田線 ……………………………………………… 28
有楽町線 ……………………………………………… 30
半蔵門線 ……………………………………………… 32
南北線 ………………………………………………… 34
副都心線 ……………………………………………… 36

第3章 車両・列車のしくみ ………… 38

車体の構造と外装 …………………………………… 40
車内空間とこだわり ………………………………… 42
運転席・車掌室のしくみ …………………………… 44
日比谷線がルーツの剛体架線 ……………………… 46
第三軌条方式 ………………………………………… 48
トンネルのしくみ …………………………………… 50
地下鉄の勾配 ………………………………………… 52

銀座線1000系 ……………………………………… 54
丸ノ内線02系 ……………………………………… 56
日比谷線03系 ……………………………………… 58
日比谷線13000系 ………………………………… 60
東西線05系 ………………………………………… 62
東西線07系 ………………………………………… 64
東西線15000系 …………………………………… 66
千代田線6000系 …………………………………… 68
千代田線05系 ……………………………………… 70
千代田線16000系 ………………………………… 72
有楽町線・副都心線7000系 ……………………… 74
有楽町線・副都心線10000系 …………………… 76
半蔵門線8000系 …………………………………… 78
半蔵門線08系 ……………………………………… 80
南北線9000系 ……………………………………… 82
優等列車の走る路線・区間 ………………………… 84
懐かしの名車　その1 ……………………………… 86
懐かしの名車　その2 ……………………………… 88

第4章　駅のしくみと特徴 ……………… 90

東京メトロの駅の構造 ……………………………… 92
ターミナル駅の変遷 ………………………………… 94
銀座線の駅 …………………………………………… 96
丸ノ内線の駅 ………………………………………… 98
日比谷線の駅 ………………………………………… 100
東西線の駅 …………………………………………… 102
千代田線の駅 ………………………………………… 104
有楽町線の駅 ………………………………………… 106
半蔵門線の駅 ………………………………………… 108
南北線の駅 …………………………………………… 110
副都心線の駅 ………………………………………… 112

5

第5章 東京メトロの歴史 ·········· 114

東洋初の地下鉄が開業 ················ 116
デパートと手を組み路線延伸 ············ 118
東京地下鉄道 vs 東京高速鉄道 ·········· 120
帝都高速度交通営団の誕生 ·············· 122
営団初の新線開業と路線拡充 ············ 124
私鉄・国鉄との相互直通運転の開始 ······ 126
地下鉄網の再整備・拡充が進む ·········· 128
営団地下鉄から東京メトロへ ············ 130
地下鉄の父・早川徳次 ················· 132

第6章 東京メトロの豆知識・ヒミツ ········· 134

回送のための連絡線 ·················· 136
丸ノ内線の幻のホーム ················ 138
地下鉄博物館 ······················· 140
銀座線リニューアル ·················· 142
銀座駅の知られざる歴史 ·············· 144
幻の「荻窪線」とは ··················· 146
銀座線は3号線、1号線は？ ············ 148
東京メトロのサインシステム ·········· 150
私鉄最多を誇る車両数 ················ 152
東京メトロの譲渡車両 ················ 154
地下鉄ストア ······················· 156
高性能電車300形 ··················· 158
新路線は旧路線のバイパス ············ 160
最新技術でつくられる車両 ············ 162
日本で唯一、地下鉄にある踏切 ········· 164
今も残る銀座線開業時の意匠 ··········· 166
総合訓練研修センター ················ 168
無線式列車制御システム ·············· 170

第7章 運行のしくみ ……… 172

運行にかかわる人々 …………………………………… 174
運転士の仕事 …………………………………………… 176
車掌の仕事 ……………………………………………… 178
駅係員の仕事 …………………………………………… 180
総合指令所の役割としくみ …………………………… 182
車両検査・線路保守のしくみ ………………………… 184
直通運転と連携のしくみ ……………………………… 186

第8章 安心・安全のしくみ ……… 188

東京メトロの車両基地 ………………………………… 190
東京メトロの車両工場 ………………………………… 192
車両の点検・整備 ……………………………………… 194
レールの種類としくみ ………………………………… 196
電気設備の概要 ………………………………………… 198
運転保安装置 …………………………………………… 200
駅の安全対策と非常停止のしくみ …………………… 202
自然災害と運行規制 …………………………………… 204
環境への取り組み ……………………………………… 206

東京メトロ配線略図 …………………………………………… 208

巻末資料
東京メトロの主な年譜 ………………………………………… 210

東京地下鉄路線図

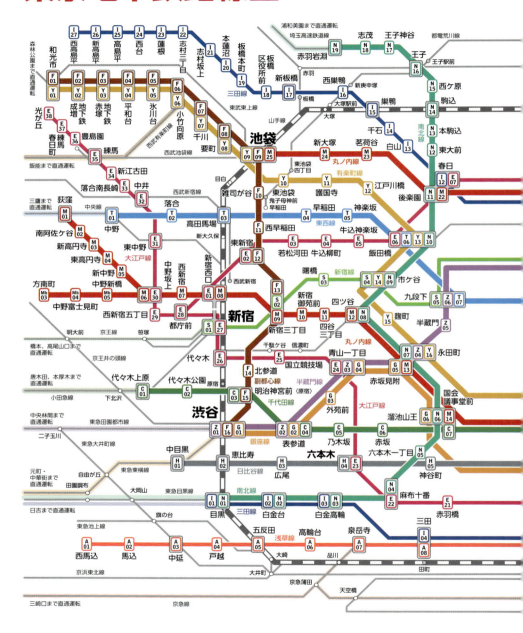

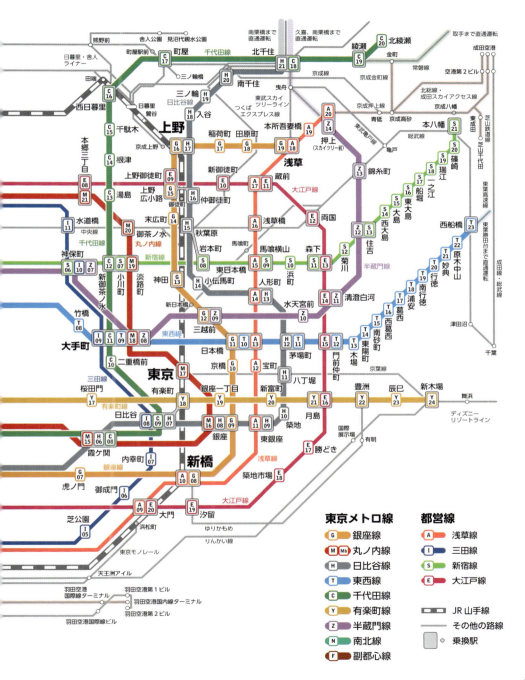

第1章
東京メトロの魅力

東洋初の地下鉄である銀座線を保有する東京メトロは、東京都区部を中心に9路線195.1kmの地下鉄を運営しています。そのうち7路線では他社との相互直通運転を行なっており、乗り換えをせずに千葉、埼玉、神奈川への移動ができる利便性の高いネットワークを形成しています。

都心とその近郊を走る地下鉄
東京メトロの全体像

丸ノ内線は地下鉄でありながら御茶ノ水付近で地上に顔を出します。

東京都下に延びる地下鉄道

　東京メトロは、東京都内を中心に**全長195.1km の路線**（営業キロ）を持つ鉄道会社です。JRを除くと私鉄第4位、関東では東武鉄道に続き**第2位の路線規模**です。2016年現在、2766両の車両が在籍しています。正式な社名は「**東京地下鉄株式会社**」で、路線の大半が地下鉄道ですが、一部区間は地上を走ります。路線網はJR山手線内で密集する一方、東西線は千葉県に、有楽町線・副都心線は埼玉県まで延びています。ただ、東京23区内ながら、世田谷区、大田区、葛飾区には東京メトロの路線は延びていません。
　池袋駅・新宿駅・上野駅などはJR及びほかの私鉄と接続し、ターミナル駅として機能しています。これらターミナル駅はほかの鉄道からの乗換客も多く、また東京メトロの駅同士で2つ以上の路線が接続し、乗換客が多い駅もあります。

用語解説
ターミナル駅
ターミナルは「終点」を意味する英語ですが、日本では他線との乗換駅、または路線の中核駅のことを指します。

POINT
日本の地下鉄
地下鉄は東京以外では、札幌市、仙台市、横浜市、名古屋市、京都市、大阪市、神戸市、福岡市に設けられています。東京には東京メトロのほか都営地下鉄もあり、東京メトロ以外はすべて公営（自治体が運営）しています。

東京メトロの路線一覧

路線	運行区間	営業キロ
銀座線 (都市計画第3号線)	浅草～渋谷間	14.3km
丸ノ内線 (都市計画第4号線)	池袋～荻窪間 中野坂上～方南町間	24.2km 3.2km
日比谷線 (都市計画第2号線)	北千住～中目黒間	20.3km
東西線 (都市計画第5号線)	中野～西船橋間	30.8km
千代田線 (都市計画第9号線)	綾瀬～代々木上原間 綾瀬～北綾瀬間	21.9km 2.1km
有楽町線 (都市計画第8号線)	和光市～新木場間	28.3km
半蔵門線 (都市計画11号線)	渋谷～押上間	16.8km
南北線 (都市計画第7号線)	目黒～赤羽岩淵間	21.3km
副都心線 (都市計画第13号線)	小竹向原～渋谷間	11.9km※

※副都心線の運行区間は、和光市～渋谷間の20.2km(和光市～小竹向原間8.3キロは有楽町線の線路を使用)。

Mini Column

相互直通運転のメリットとデメリット

ほかの鉄道会社の路線へ列車がお互いに乗り入れることを相互直通運転と称します。乗り換えが少なくなり便利になる一方で、乗り入れ先のダイヤが乱れた場合に自社線も影響を受け、列車の遅延、行先の変更が発生するなどのデメリットがあります。この場合、自社線への影響を極力抑えるため、ほかの鉄道会社の路線とつながる接続駅で折り返し運転をするケースが見られます。

郊外鉄道との直通運転が多い

東京メトロの駅は基本的に地下駅のため、乗換駅は2層・3層構造になり、それぞれ階段や通路で結ばれていますが複雑です。近年はエスカレーター・エレベーターの整備が進みました。路線は集電方式により2種類に大別でき、銀座線・丸ノ内線は、台車の脇から集電する**第三軌条方式**、そのほかの路線は**架空線方式**です。

架空線方式の路線は、ほかの私鉄と**相互直通運転**を行なっています。日比谷線は東武伊勢崎線(東武スカイツリーライン)・日光線、東西線はJR総武線・中央線、東葉高速鉄道、千代田線はJR常磐線、小田急小田原線、有楽町線は東武東上線・西武池袋線、半蔵門線は東武伊勢崎線・日光線、東急田園都市線、南北線は埼玉高速鉄道、東急目黒線、副都心線は東武東上線、西武池袋線、東急東横線、横浜高速鉄道などへ乗り入れています。

用語解説

第三軌条方式
線路の脇に集電用の線路(1本のみ)を設置し、パンタグラフではなく台車に取り付けられた集電靴が集電用の線路を擦って電気を取り入れる方式。

架空線方式
列車の一般的な集電方式のひとつで、車両が通る空間の上部に架線を張り、ここからパンタグラフなどの集電装置によって集電する方式のことです。

POINT
相互直通運転
ほかには、日比谷線は東急東横線、千代田線は小田急多摩線、有楽町線は西武有楽町線・秩父線、半蔵門線は東急田園都市線、副都心線は西武有楽町線・秩父線へも乗り入れています。

第1章 東京メトロの魅力

都心部にくまなく延びる
路線ごとの特徴

新しい路線ほど地下深く建設された

　東京メトロの路線は、**東京地下鉄道と東京高速鉄道**が戦前に開業した**銀座線**、東京メトロの前身の**帝都高速度交通営団**（営団地下鉄）時代に開業した路線、東京メトロになって開業した**副都心線**があります。戦前に開業した銀座線の中でも、東京地下鉄道が開業した新橋～浅草間は地表を掘って軌道をつくる**開削工法**により建設されました。このため地上から浅い部分に路線が設けられています。

　一方、都市内には上下水道、電気・ガス管、電話線などライフラインと呼ばれる装置が延びています。近年に開業した地下鉄はこれらライフラインを避けてつくらなければならず、必然的に地中の深いところを走っています。1927年12月30日に開業した銀座線上野～浅草間の駅は、地上からホームまでの階段が比較的短いですが、2008年6月14日に開業した**副都心線渋谷駅ホームは地下5階**に設けられています。

編成両数は直通先に合わせている

　前述のように銀座線と丸ノ内線を除き、すべての路線が私鉄の郊外鉄道と相互直通運転を行なっています。これは**銀座線・丸ノ内線が都心部の利便性を図って設けられた**ものに対して、**そのほかの路線は東京の衛星都市と都心の直結を目的**の一つとして開業したことにも由来します。

　車両の長さ、列車の編成両数は乗り入れ先にそろえられています。他線との乗り入れがない銀座線は車体長16mの車両で6両編成、丸ノ内線は18m車6両編成、日比谷線は20m車7両編成、東西線・千代田線・半蔵門線は20m車10両編成、千代田線支線は20m車3両編成、南北線は20m車6両編成で運行され、有楽町線・副都心線は20m車8両編成と10両編成が在籍しています。

用語解説
東京地下鉄道
1927年12月30日に銀座線上野～浅草間を開業した鉄道会社。日本初であるだけでなく、東洋初の地下鉄として、開業時は評判になりました。

POINT
車両の長さ
1両当たりの車両が長ければ、また編成両数が長ければ、それだけ輸送力が高まります。渋谷～赤坂見附・永田町間では銀座線と半蔵門線が並行していますが、銀座線1000系は定員610人、半蔵門線08系は定員1500人と、輸送力に大きな違いがあります。

豆知識
最も深い駅はどこ？
地下鉄では都営地下鉄大江戸線六本木駅のホームが、地表から42m下の地点にあります。これはビルの10階に相当します。これほど深い地点につくったのは、ライフラインや既存の地下鉄を避けるためです。

路線ごとのA線・B線

2016年3月末現在

路線名	A線	B線	営業キロ
銀座線	渋谷方面	浅草方面	14.3km
丸ノ内線	荻窪方面	池袋方面	24.2km
	方南町方面	中野坂上方面	3.2km
日比谷線	中目黒方面	北千住方面	20.3km
東西線	西船橋方面	中野方面	30.8km
千代田線	代々木上原方面	綾瀬方面	21.9km
	綾瀬方面	北綾瀬方面	2.1km
有楽町線	新木場方面	和光市方面	28.3km
半蔵門線	押上方面	渋谷方面	16.8km
南北線	赤羽岩淵方面	目黒方面	21.3km
副都心線	渋谷方面	小竹向原方面	11.9km※

※副都心線の運行区間は、渋谷〜和光市間の20.2km（小竹向原〜和光市間8.3kmは有楽町線の路線を使用）。

Mini Column

上り線・下り線の代わりにA線・B線

鉄道は東京駅に近い駅を始点とし、始点駅から終点駅に向かうのが下り線、逆が上り線であるのが一般的です。しかし、東京メトロは東京駅を越えて東西に、あるいは南北に延びる路線もあり、単純に上り・下りと付けられないため、代わりにA線・B線と称しています。

日比谷線の03系は、北千住駅で東武伊勢崎線へ乗り入れます。

10000系は有楽町線・副都心線の両方で運行されています。

東急田園都市線へ直通する半蔵門線8000系。

乗換駅では通し運賃で乗車できる
東京メトロの駅のタイプ

地下駅だけでなく地上駅もある

　東京メトロには**全9路線で179駅**があります。銀座線は19駅（地上駅は1駅）、丸ノ内線は支線を含めて28駅（同3駅）、日比谷線は21駅（同3駅）、東西線は23駅（同9駅）、千代田線は支線を含め20駅（同3駅）、有楽町線は24駅（同2駅）、半蔵門線は14駅、南北線は19駅、副都心線は11駅となっています。このうち、**国会議事堂前駅と溜池山王駅は同一駅扱い**とされ、**乗降人員は両駅で合算**されます。

　また、直通運転を行なうJR・私鉄との**接続駅は11駅**を数えます。接続駅のホームで、**運転士・車掌**ともその先の運行する鉄道会社の乗務員に**引き継がれ**ます。

駅名が異なっても地下通路で接続

　東京メトロの駅の多くは地下にありますが、**銀座線渋谷駅、丸ノ内線四ツ谷駅・後楽園駅・茗荷谷駅**は地形の条件により、地上に設けられています。また、**東西線南砂町～西船橋間と千代田線支線は高架線**で建設されているため、**東西線の西葛西～原木中山間と千代田線支線の綾瀬～北綾瀬間は高架駅**です。また、半蔵門線・副都心線渋谷駅、南北線目黒駅・赤羽岩淵駅を除き、**接続駅は直通先に合わせて地上駅**です。

　他線と接続する地下駅は、改札内に乗り換え通路が設けられず、改札外乗り換えとなる駅もありますが、**30分以内なら通し運賃で乗り換え**ができます。**表参道駅**の銀座線と半蔵門線、**赤坂見附駅**の銀座線と丸ノ内線は、それぞれ**同一ホームの左右に停車し、対面乗り換えが可能**です。また、赤坂見附駅と永田町駅、日比谷駅と有楽町駅のように、**駅名が異なっても**乗り換えができる駅なら通し運賃での乗り換えが可能（30分以内の乗り換えが条件）です。なお、これらの駅では乗降人員の合算は行なわれていません。

🫘 豆知識
駅数は私鉄で第4位

東京メトロの駅数は179で、これは近畿日本鉄道の286駅、名古屋鉄道の275駅、東武鉄道の203駅に次いで私鉄では第4位です。また、平均の駅間距離は約1.09kmで、最長区間は東西線南砂町～西葛西間の2.7km、最短は丸ノ内線新宿三丁目～新宿間の0.3kmです。

💡 POINT
乗り換えに30分以上要するとどうなる？

東京メトロの駅では、通常の乗り換えなら30分以上かかることはまずありません。しかし乗り換えに30分以上かかった場合は、紙のきっぷでは前途が無効となり、改めて買い直す必要があります。IC乗車券では出発駅～乗換駅間の運賃と、乗換駅～到着駅間の運賃が自動で引き落とされます。

2016年度 1日平均乗降人員数（人）

●多い駅

	駅名	路線	人員
1	池袋	M Y F	557,043
2	大手町	M T C Z	325,067
3	北千住	C	291,464
4	銀座	G M H	251,459
5	新橋	G	247,273
6	新宿	M	233,555
7	渋谷	G	219,936
8	上野	G H	209,130
9	豊洲	Y	208,012
10	東京	M	204,287

●少ない駅

	駅名	路線	人員
1	西ヶ原	N	8,383
2	志茂	N	12,057
3	桜田門	Y	13,898
4	稲荷町	G	16,620
5	雑司が谷	F	17,896
6	中野富士見町	M	19,025
7	中野新橋	M	19,837
8	本駒込	N	22,993
9	北参道	F	23,051
10	上野広小路	G	23,437

※ほかの鉄道との直通連絡駅及び共用している駅の乗降人員は除く。

門前町の駅にふさわしい屋根が設けられた銀座線浅草駅。浅草寺は当駅から徒歩約5分。

南北線と東急目黒線の接続駅である目黒駅。管理は東急電鉄が行なっています。

Mini Column

表参道駅と赤坂見附駅では異なる同一ホーム対面乗り換え

左ページでも触れたように、表参道駅と赤坂見附駅は同一ホーム上で2つの路線の乗り換えができます。表参道駅では銀座線のB線と半蔵門線のA線、銀座線のA線と半蔵門線B線が、赤坂見附駅では銀座線のA線と丸ノ内線のA線、銀座線B線と丸ノ内線のB線が同一ホームの左右に停車します。しかし、表参道駅ではホームが同じ高さに並び、対向列車が見えるのに対し、赤坂見附駅のホームはA線が上、B線が下の二層構造になっています。

第1章 東京メトロの魅力

各路線の紹介

東京都内に張り巡らされた路線を持つ東京メトロ。中野から西船橋までの30.8kmを結ぶ東西線や、丸ノ内線の混雑緩和という役割も担って建設された有楽町線、最新の設備の駅を備えている南北線など、路線ごとの魅力はさまざまです。

日本最古の地下鉄路線
銀座線

地下の浅い所を走っている銀座線

　銀座線は、渋谷駅と浅草駅を結ぶ総延長14.3kmの路線で、ほとんど地下を走っています。渋谷駅付近のみ地形の関係で地上を走り、渋谷駅はＪＲ山手線や井の頭線よりも**高い地上3階に駅**があります。特殊な**第三軌条**という電化方式のため、私鉄やＪＲとの相互乗り入れは行なわれていません。

　渋谷駅と浅草駅を含めて全線の駅の数は19。他線との乗り換えのない単独駅が多く、外苑前駅、虎ノ門駅、京橋駅、末広町駅、稲荷町駅、田原町駅の6駅が該当します。路線記号はG、路線カラーはオレンジと決められています。

　日本で一番最初にできた地下鉄だけあって、地下の浅い場所を走っているので、地上から下りる階段も短くアクセスは容易です。その一方で、末広町駅と稲荷町駅のように、向かい合わせホームの場合、入口を間違えると、反対側ホームに行く連絡通路がなく、一旦改札口を出て、地上から入ら直さなくてはならないといった構造になっている場合もあります。

レトロな雰囲気のレモンイエロー塗装

　銀座線を走る車両は、**東京メトロ1000系**です。2016年度までは、01系が運行しており、この車両は**アルミ合金製**で無塗装の銀色車両で、**1984年にデビュー**したものでした。当時は戦前から使用していた車両も含めオレンジの車両ばかりだったので、斬新でしたが、時代は変わり、2012年にデビューした新型車両1000系は創業時のレトロな雰囲気を醸し出す**レモンイエロー塗装**に戻りました。外観とは対照的に車内は現代的で、LED照明を本格的に採用したこともあって、明るく広がりのある雰囲気です。01系は、2016年度中にすべて1000系に置き換えられました。

DATA

路線距離：14.3km
運行区間：浅草〜渋谷
路線駅数：19
全線開通：1927年12月30日
運行車両：1000系

豆知識

百貨店の資金援助を受けて完成した銀座線

三越前駅のほか、上野広小路駅（松坂屋）、日本橋駅（高島屋）、京橋駅（明治屋）、銀座駅（松屋）が、百貨店から資金援助を受けたこともあり、駅と各店は地下で直結しています。

銀座線の渋谷駅を表参道寄りの橋上に移転するための工事は、2009年1月から行なわれました。

上野駅の渋谷方面行きホームには、銀座線の他の駅に先がけてホームドアが設置されました。

🖝 路線図

渋谷 — 表参道 — 外苑前 — 青山一丁目 — 赤坂見附 — 溜池山王 — 虎ノ門 — 新橋 — 銀座 — 京橋 — 日本橋 — 三越前 — 神田 — 末広町 — 上野広小路 — 上野 — 稲荷町 — 田原町 — 浅草

第2章 各路線の紹介

21

丸ノ内線

支線もある都心の重要路線

後楽園駅を発車する荻窪方面行き列車。この辺りは、地形の関係で地上の高架線上を走っています。

所々で地上に顔を出す丸ノ内線

　丸ノ内線は、池袋駅と荻窪駅を結ぶ総延長24.2kmの路線で、このほか途中の中野坂上駅から方南町駅に至る3.2kmの**支線**もあります。本線は6両編成、支線は3両編成で、路線カラーは赤、記号はMです。

　銀座線と同じ**第三軌条**による電化方式のため、JRや私鉄との乗り入れは行なわれていません。赤坂見附駅付近に銀座線と丸ノ内線をつなぐポイントが設置されているので、相互の乗り入れが可能に見えますが、**銀座線のトンネルが丸ノ内線のトンネルよりも小さい**ため、銀座線の車両が丸ノ内線に乗り入れることはできますが、逆は不可能です。

　丸ノ内線は都内でも起伏の大きな地域を通っているため、所々で**地上に顔を出す区間**があります。茗荷谷～後楽園間、御茶ノ水～淡路町間で神田川を渡る区間、四ツ谷駅周辺の3カ所です。

DATA
路線距離：24.2km（本線）、3.2km（支線）
運行区間：池袋～荻窪、中野坂上～方南町
路線駅数：25（本線）、3（支線）
全線開通：1962年
運行車両：02系

豆知識
途中から分岐する支線
東京メトロの路線の中で、唯一、途中駅から分岐する支線を持っています。中野坂上駅から方南町駅までの3.2kmに3つの駅があります。

路線図

池袋 — 新大塚 — 茗荷谷 — 後楽園 — 本郷三丁目 — 御茶ノ水 — 淡路町 — 大手町 — 東京 — 銀座 — 霞ケ関 — 国会議事堂前 — 赤坂見附 — 四ツ谷 — 四谷三丁目 — 新宿御苑前 — 新宿三丁目 — 新宿 — 西新宿 — 中野坂上 — 新中野 — 東高円寺 — 新高円寺 — 南阿佐ケ谷 — 荻窪

中野坂上 — 中野新橋 — 中野富士見町 — 方南町

丸ノ内線の車両基地は茗荷谷駅付近と中野富士見町駅付近の2カ所。地上にあり、第三軌条集電のため架線がなくすっきりした印象。

車体デザインのシンボルはサインカーブ

丸ノ内線といえば、**真っ赤な車体にサインカーブ（弧を描くライン）の模様が描かれた白いボーダーの車両**が長年活躍してきました。1996年に新型の02系に取って代わられました。この車両も赤い帯を付けていましたが、サインカーブはありませんでした。しかし、利用者の要望もあって、車両の更新工事が終わったものからサインカーブのデザインが復活し、今では多くの車両でそれを見ることができます。

丸ノ内線は、車掌のいない**ワンマン運転**を行なっており、その安全対策の一環として全駅に**ハーフハイトタイプのホームドア**が取り付けられました。また、ATO（自動列車運転装置）による自動運転も行なっており、2018年度中には、新型車両が導入される予定です。

用語解説
ATO（自動列車運転装置）
Automatic Train Operationの略。運転士は、スタートを指示するボタンを押すだけで、加減や制御操作、定点停止なども自動で行なうことができます。

豆知識
アルゼンチンに渡った丸ノ内線の車両
赤い丸ノ内線の列車500形は、南米アルゼンチンの首都ブエノスアイレスの地下鉄として活躍し、そのうち4両が2016年に日本に戻ってきて話題になりました。

スパイ映画の秘密基地となった丸ノ内線
世界的にヒットしたスパイ映画『007は二度死ぬ』（1967年公開）では、都内にある日本情報部の動く秘密オフィスとして丸ノ内線が登場しました。

他社との相互直通運転が多い
日比谷線

長らく活躍してきた03系車両は、20m4扉車の13000系の登場に伴い徐々に姿を消していくことになります。

架空線方式を採用

　日比谷線は、北千住駅と中目黒駅を結ぶ総延長20.3kmの路線です。少しずつ路線を延長し、**1964年の東京五輪開催直前の8月末に東銀座〜霞ケ関間の開通をもって全線開業**しました。初代車両である3000系は無塗装のセミステンレス車両だったので、路線カラーはシルバー、記号はHです。

　日比谷線は、当初から北千住駅で東武鉄道と、中目黒駅では東急東横線と**相互直通運転**を予定していたため、東武鉄道や東急電鉄の基準に合わせて**架空線方式**を採用しました。東急東横線とは長年、中目黒駅から日吉駅や菊名駅まで相互直通運転を行なっていましたが、2013年3月の東急東横線と副都心線相互直通運転開始に伴い中止し、現在は東武伊勢崎線の南栗橋駅までが相互直通運転区間です。

DATA
路線距離：20.3km
運行区間：北千住〜中目黒
路線駅数：21
全線開通：1964年
運行車両：02系、13000系、東武20000系

豆知識
日比谷線の地上区間
北千住〜南千住間は高架区間で南千住〜三ノ輪間で地下にもぐります。また中目黒駅近くで地上に顔を出し、中目黒駅の東急東横線上下線の間に停車します。

日比谷線が地上に顔を出すのは、中目黒付近と隅田川を渡る南千住〜北千住間に限られています。

🐾 路線図

中目黒 — 恵比寿 — 広尾 — 六本木 — 神谷町 — 霞ケ関 — 日比谷 — 銀座 — 東銀座 — 築地 — 八丁堀 — 茅場町 — 人形町 — 小伝馬町 — 秋葉原 — 仲御徒町 — 上野 — 入谷 — 三ノ輪 — 南千住 — 北千住

第2章 各路線の紹介

急カーブが連続する日比谷線

　日比谷線は都心部において**急カーブ**が多数あるので、車両は全長18m・3扉というやや短めのものを使っています（一部に5扉車あり。また東武線からの乗り入れ車両も18m車です）。

　しかし、後に20m車を導入しても急カーブのトンネルを支障なく曲がり切れることが確認されたため、2016年度から**20m4扉車で7両編成**の列車も走らせることになりました。すべての車両を新しいものに置き換えた際には、2022年度までに全駅に**ホームドア**を設置することも予定されています。

　また、日比谷線の霞ケ関駅と神谷町駅の間にある虎ノ門ヒルズ付近に新駅を設置することが決定。2020年の東京オリンピックの開催に合わせて準備が進められています。この駅が完成すれば銀座線の虎ノ門駅との乗り換えもできるので利便性が高まるでしょう。

🔎 豆知識

交差するが駅がない
日比谷線は、南北線、有楽町線、半蔵門線と交差しているのに乗換駅がありません。今後は築地駅と有楽町線新富町駅、人形町駅と半蔵門線水天宮前駅を連絡駅にする計画があります。

車両基地が日比谷線外にある
南千住駅近くの車両基地が手狭になったので、2番目の基地が、乗り入れ先の東武線の竹ノ塚駅付近に設けられました。その後、乗り入れている路線内に基地をつくる例が増えました。

25

地上にも顔を出す地下鉄車両
東西線

地下鉄初の快速運転が実施された路線

　東西線は、中野駅と西船橋駅を結ぶ総延長30.8kmの路線です。JRと共用の中野駅から地下を走る区間と南砂町駅の先から地上に出て、終点の西船橋駅までの長大な高架区間を走る異色の地下鉄路線です。初代の車両はステンレス車体に青の帯を付けていました。路線カラーはスカイブルー、記号はTです。

　東西線の南砂町〜西船橋間では、開通当時は開発があまり進んでおらず人口も少なかったので、千葉方面との速達サービスを図るため、**地下鉄初の快速運転**が開始されました。初めは、東陽町〜西船橋間はノンストップでしたが、その後、沿線の開発が進み、人口も増加したので、浦安駅にも停車するようになり、さらに東陽町駅と浦安駅間が各駅停車となる**通勤快速**も登場しました。また、3つの新駅（西葛西駅、南行徳駅、妙典駅）が追加されました。東西線は大手町駅、日本橋駅、茅場町駅など都心のビジネス街を通ることもあり、有数の混雑路線となっています。

JR中央・総武線、東葉高速鉄道と直通

　東西線は当初から中央線緩行線（いわゆる各駅停車）との相互直通運転を行なっています。今では、中野駅から三鷹駅まで乗り入れています。また西船橋駅からは総武線に乗り入れ津田沼駅まで直通していますが、東葉高速鉄道との相互直通運転が終日なのに対し、朝夕のラッシュ時のみで本数は少なくなっています。

　東西線は、大手町駅などで他の路線や鉄道と乗り換えができて便利ですが、副都心線とは交差するものの乗換駅がありません。

　東西線を走っている車両は、東京メトロが**05系**、**07系**、**15000系**の3種類、JR東日本がE231系800番台、東葉高速鉄道が2000系です。

DATA
路線距離：30.8km
運行区間：中野〜西船橋
路線駅数：23
全線開通：1969年
運行車両：05系、07系、15000系、JR東日本E231系800番台、東葉高速鉄道2000系

豆知識

東西線の地上区間
西船橋方面へ向かう列車は南砂町駅を出ると終点の西船橋駅まで地上高架区間を走ります。13kmを超える長大な区間が高架で、途中駅は7つと少なく、駅間が長いのが特徴です。

東西線の快速電車
快速運転区間は、地上高架部分がほとんどの南砂町〜西船橋間であり、最高速度は100km/h。我が国の地下鉄としては最速です。

ほかにもある東西線
東京メトロ東西線以外にも、札幌市営地下鉄東西線、仙台市地下鉄東西線、京都市営地下鉄東西線、大阪市内を地下で走るJR東西線があります。

東京湾岸沿いに走る東西線の地上区間には荒川中川橋梁があります。全長1236mは、完成当時、国鉄以外の私鉄では日本最長でした。

第2章 各路線の紹介

東西線の地上区間は、開通当初はあまり建物がありませんでしたが、現在では線路際まで林立しています。

👉 路線図

中野 ― 落合 ― 高田馬場 ― 早稲田 ― 神楽坂 ― 飯田橋 ― 九段下 ― 竹橋 ― 大手町 ― 日本橋 ― 茅場町 ― 門前仲町 ― 木場 ― 東陽町 ― 南砂町 ― 西葛西 ― 葛西 ― 浦安 ― 南行徳 ― 行徳 ― 妙典 ― 原木中山 ― 西船橋

27

小田急線、JR常磐線につながる
千代田線

斬新なスタイルの6000系も世代交代で徐々に姿を消し、東京メトロ車両の主役は16000系になりました。

JR常磐線との相互直通運転

　千代田線は、綾瀬駅と代々木上原駅を結ぶ21.9kmの本線と、綾瀬駅～北綾瀬間の2.1kmの**支線**を持つ路線です。このうち綾瀬～北千住間は、運賃計算上はJR常磐線の各駅停車用路線と**二重戸籍**区間という扱いになっています。路線カラーはグリーン、記号はCです。千代田線は、綾瀬～北千住、代々木公園～代々木上原、支線の綾瀬～北綾瀬が地上区間で、残りは地下を走ります。綾瀬駅ではJR常磐線各駅停車とつながり、取手駅まで相互直通運転を行なっています。実態としては、千代田線の線路が取手駅まで延びていて一体化されたようになっています。

　一方、代々木上原駅からつながる小田急線との相互直通運転は、平日昼間で1時間に3本の唐木田行き（小田急線内は急行運転）のみで、代々木上原駅で折り返し運転が多くなっています。

DATA

路線距離：24km
運行区間：綾瀬～代々木上原（綾瀬～北綾瀬は支線扱い）
路線駅数：20（北綾瀬を含む）
全線開通：1978年
運行車両：6000系、16000系、05系（北綾瀬支線）、JR東日本209系1000番台、E233系2000番台、小田急4000形、60000形（MSE）

用語解説
二重戸籍
鉄道の線区には名称が付けられ、それにしたがって旅客案内がなされます。しかし、ときには同じ区間に2つの路線名が付けられていることがあり、これを二重戸籍と称します。北千住～綾瀬間のほか、JR東海金山～名古屋間（東海道本線・中央本線）、JR西日本今宮～新今宮間（関西本線・大阪環状線）などがあります。

都心の地下鉄線上に小田急ロマンスカーが堂々と乗り入れてくると、事情を知らない人にとっては大きな驚きとなります。

路線図

北綾瀬 — 綾瀬 — 北千住 — 町屋 — 西日暮里 — 千駄木 — 根津 — 湯島 — 新御茶ノ水 — 大手町 — 二重橋前 — 日比谷 — 霞ケ関 — 国会議事堂前 — 赤坂 — 乃木坂 — 表参道 — 明治神宮前〈原宿〉 — 代々木公園 — 代々木上原

ロマンスカーが乗り入れる千代田線

千代田線で特筆しなくてはならないのは、**小田急ロマンスカーが乗り入れてくる**ことです。通勤特急的な「メトロさがみ」「メトロホームウェイ」のほか、観光特急「メトロはこね」も運転されます。**地下鉄初の座席指定特急**で、車両はMSE60000系、千代田線内の停車駅は北千住、大手町、霞ケ関、表参道です（代々木上原駅にも停車しますが、これは東京メトロと小田急電鉄の乗務員交代のための停車で、ドアは開きません）。

このほかの列車は、東京メトロが**6000系**、**05系**、**16000系**、JR東日本が209系1000番台、E233系2000番台、小田急電鉄が4000系で、いずれも10両編成です。

北綾瀬支線では、05系3両編成が使われ、ワンマン運転となっていますが、ホームを延長して本線の10両編成の列車が直通する計画があります。

豆知識

都心への短絡ルート
北千住から霞ケ関へは日比谷線経由より7分程、大手町へは東武線＆半蔵門線経由より8分程早く、千代田線経由が優位に立っています。

代々木公園地下の車両基地
千代田線の車両基地としては綾瀬の車両基地が有名ですが、代々木公園駅近くの地下には10両編成の電車が8本留置できる広大なスペースがあります。

埼玉方面と湾岸部を結ぶ
有楽町線

池袋での乗り換えを解消した直通運転

　有楽町線は、和光市駅と新木場駅を結ぶ28.3kmの路線です。路線カラーはゴールド、記号はYです。

　有楽町線は、池袋駅と都心を結ぶ**丸ノ内線の混雑緩和を目的としたバイパス線**の機能を持たせて開業されました。和光市～地下鉄成増間、辰巳～新木場間が地上区間で、残りは地下を走ります。和光市駅では東武東上線と、小竹向原駅では、西武有楽町線を介して西武池袋線と相互直通運転が行なわれています。直通区間は、東武東上線は森林公園駅まで、西武池袋線は飯能駅までです。

　また、和光市～小竹向原は副都心線と施設を共用、小竹向原～池袋は並走（事実上の複々線）していて駅ナンバリングは2つの路線のものが並んでいます。運行系統は複雑です。

ロマンスカーが走った
有楽町線と秘密の線路

　有楽町線を走る車両は、**東京メトロ7000系、10000系**、東武鉄道9000系、9050系、50070系、西武鉄道6000系で、いずれも10両編成です。車両は副都心線と共通して使用されています。

　2008年より千代田線経由で小田急ロマンスカーが「ベイリゾート」として新木場駅まで乗り入れていましたが、2011年秋以降、運転を中止しています。

　有楽町線では**全駅にホームドア**が設置されました。ロマンスカーの運転が中止されたのも、ホームドア設置のためだといわれています。

　上記の「ベイリゾート」は霞ケ関駅付近で有楽町線と千代田線との短絡線を経由しましたが、この線路は有楽町線の車両を綾瀬基地に回送するために常時使われています。

DATA
路線距離：28.3km
運行区間：和光市～新木場
路線駅数：24
全線開通：1988年
運行車両：7000系、10000系、東武9000系、9050系、50070系、西武6000系

豆知識

改名された有楽町線の駅
営団成増、営団赤塚として開業した2つの駅は、営団地下鉄が東京メトロとなったため、2004年に地下鉄成増、地下鉄赤塚と改名されました。

豊洲駅のホームの構造
2面4線が可能な構造となっています。豊洲と半蔵門線住吉を結ぶ路線が、江東区主体の第3セクターで建設される計画があります。

小竹向原駅の複雑さ
有楽町線から西武線、東武東上線方面、副都心線から西武、東武東上線方面と4系統の列車が錯綜して運転されるため乗り場、線路とも複雑です。

有楽町線のすべての駅にはホームドアが設置され、安全に列車を待つことが可能になりました。

東武東上線に乗り入れて、埼玉県内も走る有楽町線の列車。

🖝 路線図

和光市 — 地下鉄成増 — 地下鉄赤塚 — 平和台 — 氷川台 — 小竹向原 — 千川 — 要町 — 池袋 — 東池袋 — 護国寺 — 江戸川橋 — 飯田橋 — 市ケ谷 — 麹町 — 永田町 — 桜田門 — 有楽町 — 銀座一丁目 — 新富町 — 月島 — 豊洲 — 辰巳 — 新木場

第2章 各路線の紹介

乗り換え路線多数の都市型車両
半蔵門線

すべての地下鉄線と乗り換え可能に

　半蔵門線は、渋谷駅と押上駅を結ぶ総延長16.8kmの路線で、全線地下を走っています。路線記号はZ、路線カラーはパープルです。また、路線名は、都心にある半蔵門駅を通ることに由来します。渋谷駅では東急田園都市線とつながり、一方、押上〈スカイツリー前〉駅では東武伊勢崎線（東武スカイツリーライン）・日光線と接続し、相互直通運転が行なわれています。

　半蔵門線は、日比谷線を除く東京メトロの7つの路線および都営地下鉄全4路線と、どこかの駅で直接乗り換えができます。唯一、日比谷線とだけは直接乗り換えできる駅がありませんでしたが、2017年度中に水天宮前駅と日比谷線人形町駅が乗り換え駅に設定されました。

　一旦地上に出て歩くことになるのですが、切符を買い直す必要はなくなり、ICカードの場合は運賃を自動的に通算してくれるので便利です。

　これにより、**半蔵門線はほかの地下鉄路線すべてと直接乗り換えができるようになりました。**

最長距離を走破する東京メトロ車両

　半蔵門線を走る車両には、まず、**東京メトロ8000系**と**08系**があります。8000系は千代田線6000系や有楽町線7000系に似たフォルムを持つ車両です。08系は2003年から走っている比較的新しい車両です。半蔵門線自体は東京メトロの中では駅数の少ない路線ですが、東急電鉄と東武鉄道の両方に直通する列車は、東急田園都市線の中央林間駅から東武日光線の南栗橋駅までの98.5kmを走破することになり、これは**東京メトロの車両では最長距離を運行**する列車です。

　東急電鉄の乗り入れ車両は、5000系、8500系、8590系、2000系の4種類。東武鉄道の乗り入れ車両は、50050系がメインです。

DATA
路線距離：16.8km
運行区間：渋谷～押上
路線駅数：14
全線開通：2003年
運行車両：08系、8000系、東急5000系、8500系、8590系、2000系、東武30000系、50050系

豆知識

住吉駅の不思議な構造
2階建て構造で、それぞれが島式ホームになっていますが、有楽町線豊洲駅とを結ぶ新線用に準備されているのです。

クレヨンしんちゃん電車、大活躍
2016年秋から、東武鉄道の乗り入れ車両にアニメ「クレヨンしんちゃん」ラッピング電車が登場。カラフルな編成が5編成に増え、話題となっています。

車両基地が半蔵門線内にない!?
都心を走る半蔵門線沿線には車両基地がありません。東急田園都市線鷺沼駅付近の東急電鉄の基地を譲受し、半蔵門線の車両基地として使用しています。

半蔵門線の各駅にもホームドアが設置されることが決まりました。

東武線からの直通運転で半蔵門線を走る、クレヨンしんちゃんラッピング列車。

第2章 各路線の紹介

🫵 路線図

渋谷 ― 表参道 ― 青山一丁目 ― 永田町 ― 半蔵門 ― 九段下 ― 神保町 ― 大手町 ― 三越前 ― 水天宮前 ― 清澄白河 ― 住吉 ― 錦糸町 ― 押上〈スカイツリー前〉

南北線
新機軸を次々導入した新路線

フルスクリーンタイプのホームドアを新設

　南北線は、目黒駅と赤羽岩淵駅を結ぶ総延長21.3kmの路線で、全線地下を走っています。赤羽岩淵駅では埼玉高速鉄道と、一方、目黒駅では東急電鉄目黒線とつながり、相互直通運転が行なわれています。また、白金高輪〜目黒間は、都営三田線との共用区間で、南北線利用の場合は東京メトロの運賃で通算されます。

　最初の部分開業（赤羽岩淵〜駒込）が1991年、**全線開通が2000年**という新しい路線なので、施設には斬新な試みがいくつもあります。

　その1つが天井近くまで覆われた**フルスクリーンタイプのホームドア**。加えて全線地下でもあるため、南北線内で車両の全容を見るのはほぼ不可能になっています。また、都内の**地下鉄路線では初めてワンマン運転**を実施しました。これもホームドア新設により可能になりました。路線記号はN、路線カラーはエメラルドグリーンと決められています。

初期車両で見られたクロスシート

　南北線を走る車両としては、まず、**東京メトロ9000系**が挙げられます。9000系は、部分開業時は4両編成で、後に6両編成になりました。

　南北線は、主要なビジネス街やターミナル駅をほとんど経由しないので、やや乗客が少なく見積もられており、そのため6両編成のままです。

　また初期の車両には車端部に**4人掛けクロスシート**がありました。片側のみで、もう一方はロングシートでした。その後の増備車はすべてロングシートになっています。東急電鉄の乗り入れは、3000系、5080系の2種類。埼玉高速鉄道の乗り入れは、2000系です。

DATA
- 路線距離：21.3km
- 運行区間：目黒〜赤羽岩淵
- 路線駅数：19
- 全線開通：2000年
- 運行車両：9000系、東急3000系、5080系、埼玉高速鉄道2000系

豆知識

南北線は他の路線の線路とつながっている？
市ケ谷駅付近で、並走している有楽町線とつながっています。この線路と、新木場駅、霞ケ関駅の連絡線を通じて綾瀬の基地へ行けるようになっています。

南北線の急行電車
日吉行き（一部武蔵小杉行き）急行がありますが、急行運転は東急電鉄目黒線内のみで、南北線内はすべて各駅停車です。

目黒〜白金高輪間
都営三田線との共用区間なので、北行きの場合は西高島平行きも走っています。乗り間違えのないようくれぐれも注意しましょう。

南北線の各駅にはフルスクリーンタイプのホームドアが設置されてあり、極めて安全性が高くなっています。

南北線は全線地下を走っているので、線内では車両の全容はなかなか見えません。

第2章 各路線の紹介

🚇 路線図

目黒 ― 白金台 ― 白金高輪 ― 麻布十番 ― 六本木一丁目 ― 溜池山王 ― 永田町 ― 四ツ谷 ― 市ケ谷 ― 飯田橋 ― 後楽園 ― 東大前 ― 本駒込 ― 駒込 ― 西ケ原 ― 王子 ― 王子神谷 ― 志茂 ― 赤羽岩淵

35

池袋駅・新宿駅・渋谷駅をつなぐ

副都心線

5社での相互直通運転を行なう

　副都心線は、和光市駅と渋谷駅を結ぶ総延長20.2kmの路線で、和光市～小竹向原間は有楽町線と線路を共用し、小竹向原～池袋間は有楽町線と並走しています。実質的な新規開業区間は池袋～渋谷間の8.9kmです。路線記号はF、路線カラーはブラウンと決められています。

　副都心線は和光市駅で東武東上線、小竹向原駅で西武有楽町線を介して西武池袋線、渋谷駅では東急東横線とつながっています。東急東横線は横浜駅で横浜高速鉄道みなとみらい線と接続しているため、東京メトロを含めて**5社の車両が相互直通運転**を行なっています。

地下での急行運転と利便性の向上

　みなとみらい線元町・中華街駅から副都心線経由で東武東上線の森林公園駅までは88.8km、西武池袋線飯能駅までは80.7kmとかなりの長距離走行です。そのため副都心線内では急行運転が行なわれています。急行列車の多くは新宿三丁目駅で先行する各駅停車を追い抜くことになっています。

　副都心線の使用車両は、東京メトロは**7000系**、10000系の2種類、東急電鉄の乗り入れ車は、5000系、5050系、横浜高速鉄道がY500系、西武鉄道が6000系、東武鉄道が9000系、9050系、50070系と多岐にわたっています。

　全線開業が2008年、東急東横線との直通運転開始は2013年と新しく、その名の通り**池袋駅、新宿駅、渋谷駅という3つの副都心**をつないでいます。渋谷駅では、銀座線と半蔵門線、明治神宮前〈原宿〉駅では千代田線、新宿三丁目駅では丸ノ内線と都営新宿線、東新宿駅では都営大江戸線、池袋駅では丸ノ内線と有楽町線と乗り換えができるようになりました。

DATA

路線距離：20.2km
運行区間：和光市～渋谷
路線駅数：16（和光市～小竹向原間は有楽町線と共用）
全線開通：2008年
運行車両：10000系、7000系、東武9000系、9050系、50070系、西武6000系、東急5000系、5050系、横浜高速鉄道Y500系

🖊 豆知識

西早稲田駅と高田馬場駅
東西線と交差しているにもかかわらず、連絡駅はありません。徒歩で乗り換えるなら、早稲田駅よりも高田馬場駅の方が便利です。

雑司が谷駅
副都心線の雑司が谷駅近くにあるのは都電荒川線の鬼子母神前電停。その電停の1つ先には都電雑司ヶ谷電停があります。乗り換えでは間違えないように注意。

急行運転とFライナー
副都心線内の急行で、東急東横線内が特急、東武東上線内が急行、西武線内が快速急行となる列車には、Fライナーの愛称が付いています。

急行運転があり通過列車の走る副都心線では、安全上ホームドアの設置が不可欠。

4社から乗り入れがある副都心線では、東京メトロの車両になかなか遭遇しないこともあります。

第2章 各路線の紹介

🖱 路線図

和光市 — 地下鉄成増 — 地下鉄赤塚 — 平和台 — 氷川台 — 小竹向原 — 千川 — 要町 — 池袋 — 雑司が谷 — 西早稲田 — 東新宿 — 新宿三丁目 — 北参道 — 明治神宮前〈原宿〉 — 渋谷

第3章
車両・列車のしくみ

地下鉄の車両は、短い駅間の走行を繰り返す特徴があるため、車体の重量は軽い方が適しており、ステンレスやアルミ合金などの導入により軽量化が図られました。車両だけでなく、路線、トンネルなど、地下鉄ならではの工夫も見られます。

東京メトロの車両の特徴
車体の構造と外装

車体の長さとドアの数

　地下鉄の車両は、**ロングシートの多扉車**（側扉が3つ以上）として設計されます。いわゆる**通勤形車両**です。車体の長さと幅についても、特に理由がない限り、大きなサイズが選ばれます。

　東京メトロの考え方も同様で、多くの車両は、**大型通勤車のスタンダードである20m長、片側4扉の車体**を採用しています。ただし、古い路線の車体寸法は当時の需要予測に基づいているため、少し小さめです。具体的には、1927年開業の**銀座線は16m3扉**、1954年開業の**丸ノ内線**と1961年開業の**日比谷線は18m3扉**を採用しています。**20mの大型車体は、1964年開業の東西線で初めて採用**されました。

　20m4扉の車体はほかの鉄道会社でも採用が多く、このサイズを選ぶことは、地下鉄とほかの鉄道との直通運転を行なううえでも順当だったと考えられます。

軽い車体と通り抜けの重視

　地下鉄の車両は短い駅間の走行を繰り返すため、素早い加速・減速を求められます。そのため、普通鋼よりも軽いステンレス鋼やアルミ合金が早くから導入され、軽量化が図られました。営団地下鉄では3つの材料が併用されましたが、その経験を踏まえて、**現在はアルミの無塗装車体に統一**されています。この銀色の車体にはラインカラーの帯が入り、駅のホームで待つ人々への案内表示にもなっています。

　また、地下鉄車両は火災への備えが徹底されており、地下鉄トンネルを走る車両には、不燃構造と避難ルートの確保（編成全体が両端へ貫通していること）が法令によって義務づけられています。これに基づき、東京メトロでは、すべての車両の前面に非常脱出口が設けられています。

用語解説
鉄道車両の長さ
鉄道車両1両の長さは、連結器の先端同士を結んだ長さです。多くの場合、車体の長さに500mmを足した数値がこれに当たります。

POINT
日比谷線
日比谷線は開業以来18m車体を採用してきましたが、20m車体への置き換えが進められています。

豆知識
地下鉄トンネルと山岳トンネル
地下鉄の箱型トンネルは山岳トンネルに比べて断面が小さく、車両の両側にはほとんどすき間がありません。側方へ脱出することは困難、もしくは不可能です。そのため、地下鉄車両には貫通構造が義務づけられています。

3扉の車体と4扉の車体

●銀座線1000系

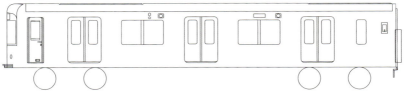

16m3扉車体。銀座線の車体は全9路線で最も小さい車体です。

●東西線15000系

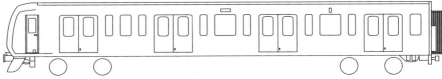

20m4扉車体。東京メトロでは、このサイズの車体が多数を占めています。

有楽町線・副都心線の主力10000系。地下鉄車両の先頭部は、流線型でも貫通構造になっています。

第3章 車両・列車のしくみ

車内空間とこだわり
快適な環境を提供する

05系の車内。ロングシートを採用し、広い空間を確保しています。

ロングシートで混雑に対処

　東京メトロでは朝夕のラッシュアワーを緩和するため、全車に**ロングシート**車を採用し、大きな空間を設けて多くの人が乗れるように工夫されています。

　地下鉄の車窓は、殺風景で居心地の悪い空間にもなりかねません。そのため、東京メトロでは、営団のころから車内設備の形や色に工夫が凝らされ、乗客が安らぎを感じられるようになっています。また、ロングシートの両端に仕切り板を設けて、この板から**握り棒**（スタンションポール）を立てるデザインは、千代田線の**6000系から始まり**ました。立ち客と着席客の干渉を避け、見た目にもスマートなこのデザインは、その後の全車に受け継がれています。他社ではかつてはシートの両端に金属パイプを多用していましたが、これらも今では、営団が始めたような仕切りを採り入れるようになっています。

用語解説
ロングシートとクロスシート

ロングシートは車内側面に沿って設けられる座席で、窓に背を向けて腰掛けます。クロスシートは側壁と垂直に設けられる座席で、車窓を見ながら座れます。ロングシートもクロスシートも和製の業界用語・趣味用語であり、本来の英語表現ではありません。

POINT
内装材の色と柄

内装材の色と柄は、多くの人々が心地よく感じるものが選ばれます。色の種類は青・緑などの寒色系、赤・クリームなどの暖色系に大別されますが、人の好みは地域や時代によって異なるので、適当な時期に見直しが行なわれます。

鉄道に関する技術上の基準を定める省令（車内の火災対策等）

- 車両の電線は、混触、機器の発熱等による火災発生を防ぐことができるものでなければならない。
- アーク又は熱を発生するおそれのある機器は、適切な保護措置が取られたものでなければならない。
- 旅客車の車体は、予想される火災の発生及び延焼を防ぐことができる構造及び材質でなければならない。
- 機関車（蒸気機関車を除く。）、旅客車及び乗務員が執務する車室を有する貨物車には、火災が発生した場合に初期消火ができる設備を設けなければならない。

02系の車内。握り棒でロングシートの定員着席を促しています。

燃えない材料で乗客を守る

　地下鉄は火災発生時の危険が大きく、**車両の防火に関しては、法令によって万全の対策**が取られています。壁や床、座席の生地、遮光幕など、地下鉄車両の内装には、可燃性の材料は使われていません。防火は創業時からの鉄則で、1927年の東京地下鉄（浅草〜上野間）開業時から、**車体はすでに全鋼製**でした。当時の鋼製車は内張りが木製だったので、全鋼製というだけでも、地下鉄車両は注目を浴びました。

　全鋼製車体の内装は、**初期には塗装が行なわれましたが**、今では塗装不要の材料が多く使われるようになっています。塗料は可燃性であるおそれがあるため、地下鉄各社の車両には、早くから化粧板が使われてきました。平成初期には車両の内装にプラスチックが使われるようになりましたが、東京メトロでは、近年はこれの使用も避けるようにしています。

豆知識
ロングシートの脚台の有無
近年のロングシートは側壁と一体の片持ち式ですが、少し前までは脚台があり、その中に戸閉め装置や暖房装置が収められていました。機器の小型化・軽量化に伴って今の形に変わってきたのです。

安全運転の要

運転席・車掌室のしくみ

運転席はワイドな設計

　東京メトロの車両は、**路線ごとに編成両数が定められています**。営業運転中に**分割・併合を行なわない**ので、運転室の中央に通路を設ける必要がありません。そのため、運転席は横幅を広く取ってあり、広い視界と、高い操作性が確保されています。

　速度の制御は、左手操作の**ワンハンドルマスコンまたはT字形ワンハンドルマスコン**で行なわれます。東京メトロは他社線との相互乗入れが多いので、旧来の左マスコン・右ブレーキ方式の車両もあります。また、路線ごとにできるだけ運転操作が統一され、乗務員の負担軽減と安全性の向上が図られています。

　進行方向に向かって右寄りには非常脱出口があり、線路に下りるための階段が備え付けてあります。この設備は車種によってやや違いがありますが、どの車両も乗客をスムーズに誘導できるようになっています。

デジタル表示の計器類

　運転台の計器類は、デジタル化が進んでいます。かつては文字盤と針を組み合わせるアナログ表示が主流でしたが、近年は画像やグラフを表示できるディスプレーが導入され、既存のアナログ表示と併用されるようになりました。そして、新しい車両ほどデジタル表示の占める割合が多くなってきています。

　また、東京メトロは、運転保安システムに**CS-ATC**を採用しています。CS-ATCは「車上信号方式の自動列車制御」という意味で、走行中の列車の速度計に、先行列車との距離から割り出される許容最高速度が示されます。この車上信号はかつての地上信号（色灯式）に代わるもので、既存システムの**ATS（自動列車停止装置）**を置き換える形で都市鉄道に普及しました。

用語解説

マスコン
英語の「マスターコントローラー」を略した表現で、主幹制御器と訳されます。電車・気動車などの運転台にある、列車を加速させる装置です。

CS-ATC
Cab Signal-Automatic Train Controlの略で、キャブシグナル（車上信号）を用いるATCです。初期のATCは地上信号方式で、この方式はWS-ATCと呼ばれました。WSはウェイサイドシグナル（地上信号）という意味です。

ATS（自動列車停止装置）
Automatic Train Stopの略で、列車の衝突防止や速度超過を防ぐための安全装置のこと。

POINT

運転保安システム
列車同士の間隔を一定以上に保ち、衝突を防ぐシステムです。線路を一定の長さごとに区切り、一つの区間にいられる列車は1本のみとする「閉塞」の考え方が土台になっています。単線の場合は正面衝突の防止、複線では追突の防止が主な目的になります。

丸ノ内線02系(P.56参照)の運転台。T字形のワンハンドルマスコンを採用しています。ブレーキ操作もこのハンドルで行ないます。

日比谷線03系(P.58参照)の運転台。マスコンハンドルとブレーキハンドルが分かれたツーハンドル方式を採用しています。

地上の電化線とは異なる方式
日比谷線がルーツの剛体架線

千代田線で使われている剛体架線の様子。

地下鉄の集電方式は２つある

　地下鉄の集電方式には、**第三軌条方式と架空線方式**の２種類があります。古い地下鉄はみな第三軌条集電でしたが、首都圏の地下鉄は昭和30年代から郊外鉄道との相互乗り入れを行なうようになり、新しい路線には架線集電が採用されました。鉄道のない地域へ既存の鉄道を引き込むという観点に立てば地下鉄が既存の方式に合わせるのが合理的です。自然な選択だったといえるでしょう。

　そもそも、古い地下鉄が**第三軌条**を選んだのは、**トンネル断面を小さくし、建設費を抑えよう**としたからです。架線は車両の上方に張るのが基本なので、この場合のトンネル断面は、かなり大きなものになります。そこで、架空線方式でも小さなトンネルで建設できるよう、架線の素材と取り付け方が改良されました。こうして開発されたのが、**剛体架線**です。

📖 用語解説

架線（架空線）
電気鉄道の走行に必要な電気を、車両の屋上の集電装置に送る装置です。正式には「架空電車線」といい、主として饋電線（きでんせん）・吊架線・トロリー線の３つの線でできています。

第三軌条方式と架空線方式のトンネル断面図

地下鉄の集電方法は2種類あります。古い地下鉄は第三軌条方式が用いられてきましたが、郊外鉄道の相互乗り入れによって、架空線方式が採用されるようになりました。架空線方式の架線は車両の上方に張るので、トンネルの断面は大きくなります。

千代田線や日比谷線では、天上からぶら下がったような剛体架線が使用されています。

剛体架線は硬い架線

従来型の架線がひものように柔軟であるのに対し、剛体架線は、棒状で変形しにくい架線です。そのため、トンネルの天井に直接取り付けられ、吊り下げるための用具もスペースもいりません。剛体架線の小断面トンネルではパンタグラフが押し下げられ、**パンタグラフ側の摩耗が早まる**という欠点もあります。けれども、地下鉄線内では地上線ほどの高速運転は行なわれないので、この点では摩耗は抑制されると考えられます。

剛体架線は1961年開業の**日比谷線に初めて使われ**、東京の地下鉄新線の各線に広まりました。剛体架線のおかげで地下鉄は架線集電を導入しやすくなり、その後、全国各地に架線集電の地下鉄が誕生しています。既設線に乗り入れる予定のない路線も、次第にこの方式でつくられるようになりました。

POINT
地下鉄と近郊鉄道の相互直通運転

首都圏では、かつては山手線の内側に地下鉄・路面電車、外側に私鉄の路線網があり、内外を行き来するには乗り換えが必要でした。地下鉄と近郊鉄道の直通運転は、この乗り換えを不要にし、人々の移動時間を大幅に短縮しました。

豆知識
既設線に乗り入れない架空線方式の地下鉄

仙台市営地下鉄の南北線、名古屋市営地下鉄の桜通線、神戸市営地下鉄の西神・山手線などがこれに当たります。さらに、1990年に実用化された鉄輪式リニアモーター地下鉄も架線集電のシステムです。

第3章 車両・列車のしくみ

銀座線・丸ノ内線で採用されている
第三軌条方式

地下鉄ならではの集電方式

　地下鉄のトンネルは、既成の市街地に設けられるので、既存の都市インフラとの干渉を避けなければなりません。よって、**地下鉄のトンネルには、工費・工法のどちらの面からも、断面の小さなものが望まれます**。

　第三軌条集電は、地下鉄のこのハンディーキャップを軽くするための手段です。この方式は、**線路の傍らに給電用のレール**（第三軌条）、**台車の側方に集電靴**を設け、両者の接触によって電力を供給するものです。架空線集電の場合、架空線は線路のはるか上方に張らねばならず、それだけトンネルの断面が大きくなります。第三軌条は線路の脇に設けられるので、トンネルを広げる必要がありません。そのため、初期の地下鉄路線は第三軌条の採用が多く、東京では、銀座線と丸ノ内線がこの方式でつくられました。

形は走行用のレールと同じ

　一般的な第三軌条は、走行用レールと同じ形をしており、走行用レールよりも高い位置にあって、万が一にも人が接近・接触することのないよう、通常は木製などのカバーで覆われています。対象となる電源は**直流600Vから750V程度**で、JRや大手私鉄の路線で一般的な1500Vは使われていません。集電靴との接触による摩擦も架空線集電より大きく、**輸送需要の大きな路線には、架空線集電の方が向いている**といえます。

　東京の地下鉄は既存の鉄道との直通運転を求められ、それを機に架線集電への方針転換が行なわれました。その際に開発された剛体架線は小断面トンネルでの架線集電を可能にし、以後はこれによる架空線式の地下鉄が増えています。第三軌条集電は、地下鉄の方式としては廃れましたが、1970年代に登場した新交通システムに導入され、復権しています。

📖 用語解説

軌条
鉄道のレールのことです。第三軌条とは英語のthird railを訳したもので、レールを軌条と読み替えたまま、集電方式の用語として定着しています。

新交通システム
自動運転のゴムタイヤ列車による輸送システム（一般の鉄道よりも小型・低速）を、日本ではこう呼んでいます。海外ではAGT（Automated Guideway Transit）と呼ばれます。

🌱 豆知識

第三軌条集電の地下鉄
札幌市営地下鉄の南北線、東京メトロの銀座線・丸ノ内線、横浜市営地下鉄のブルーライン、名古屋市営地下鉄の東山線・名城線・名港線、大阪市営地下鉄の御堂筋線・谷町線・四つ橋線・中央線・千日前線がこれに当たります。

丸ノ内線の車両基地に設けられている第三軌条方式。感電事故を防ぐため、絶縁体性のカバーで防護されています。

丸ノ内線車両の台車に付いている集電靴。架空線式の列車のパンタグラフに相当する装置です。

集電靴は英語のコレクターシュー(collector shoe)の和訳。この靴から第三軌条の頭面から電気を吸い上げます。

第三軌条のしくみ

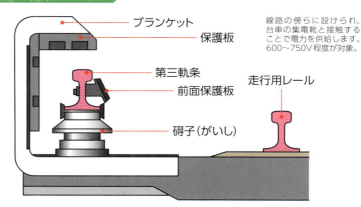

線路の傍らに設けられ、台車の集電靴と接触することで電力を供給します。600〜750V程度が対象。

第3章 車両・列車のしくみ

東京メトロの路線の多勢を占める
トンネルのしくみ

開削工法には箱型トンネル

　地下鉄のトンネルは、主として**開削工法**と**シールド工法**によってつくられます。

　開削工法は、地面を上から掘り、その穴でトンネルをつくって埋め戻す方法です。車両の形に合わせてつくるので、四角形の断面を持つ箱型のトンネルになります。地下鉄の基本的な工法です。この工法の欠点は、工事中、地上の空間が広範囲にわたって占有されることです。しかし、公共空間の地下を掘る場合は、用地を買収する必要がありません。また、公有地では工程を管理しやすく、工事を遅らせる要因への対処もスムーズです。箱型のトンネルは、ほかの工法にも見られます。川や海の浅いところでは、通常のトンネルは施工できません。この場合は、工場で箱型の構体がつくられます。複数の構体を水が入らないようロックして水中に沈めこれをトンネルにするのです（沈埋工法）。

シールド工法は筒型のトンネル

　シールド工法は、地中を横から掘り進む工法です。掘削には円筒形の掘削機が使われ、掘りながら表面の補強を行ない、地山の崩壊を防ぎます。この工法でつくられるトンネルは、**円形の断面を持つ**ことになります。円筒形は周囲からの圧力に強く、トンネルの断面形状として理想的です。

　シールド工法による掘削は、**地上の道路・建物にほとんど影響を与えません**。地下の深い所を掘るため、建物の下や水の底も通過できます。かつては開削工法の短所を補う手段とされていましたが、都市が発達するにつれて地表や浅い地中の占有が難しくなり、採用例が増えました。近年は単線シールド、複線シールド、めがねシールドなど、必要に応じてさまざまなシールドトンネルがつくられています。

POINT
公共空間の地下を掘る
地上の鉄道の工費は安いですが、用地の買収にお金がかかります。地下の鉄道は工費は高いですが、道路の下ならば買収の必要はありません。総合的に見た場合に、都市部では地下を選ぶ方が、利点が多いと考えられます。

用語解説
シールド
盾、遮蔽物、遮蔽された空間などを表す英語です。シールド工法では、トンネルを掘るための円筒形の構体が、このシールドに相当します。

POINT
地中を横から掘り進む
トンネルとは本来そういうものですが、軟弱な地盤を横から掘ると、すぐに崩れてしまいます。シールド工法ではシールドがつねに地山を支えており、掘削と擁壁をほとんど同時に行なうことができます。

開削工法とシールド工法の違い

● 開削工法

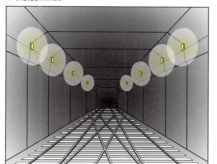

● シールド工法

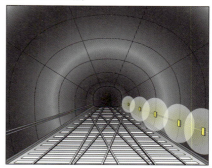

開削工法は、地上から掘り進む方式で、四角形の断面を持つ箱型のトンネルになります。シールド工法は、地上から開削せずに地下を掘り進み、鉄筋コンクリートなどで固めてトンネルをつくります。円型、半円型の形になります。

シールド工法によるトンネル工事の様子。トンネルの掘削面を小さくするため、車両の設計においても断面を円形に近いものにすることがあります。

Mini Column

トンネルの点検

列車が安全・安心に運行できるよう、定期点検が行なわれています。トンネルについては、軌道歩行による目視や打音検査が行なわれています。また、20年に1回、高所作業車を用いて、トンネル上部の内面も詳細な検査が行なわれます。2015年度からは、タブレット端末を用いて、検査の効率化が図られています。

意外にも多い鉄道の坂
地下鉄の勾配

地下鉄に望まれる勾配のパターン

　鉄道は、急な坂を上り下りするのに高い技術を要する乗り物です。そのため、新線の建設に際しては、**地形のために急な勾配ができないよう、ルートの選定が慎重に行なわれます**。地下鉄は、この種の問題が少ない鉄道です。地上のルートでは避けられない急な坂があっても、地下のトンネルは緩い坂でつくることができます。勾配の配置を自由にできれば、走行用の電力を節約することもできます。駅の部分の線路を高く、そのほかの部分の線路を低くすれば、列車は発車後に加速しやすく、次の駅に近づくときには、緩やかな登り坂のために速度が下がります。加速・減速時のエネルギーがこのようにして補われれば、走行装置の摩耗も抑制され、車両の寿命も延びるでしょう。

豆知識
日本の鉄道は急勾配・急曲線が多い
日本の地形は山がちであるため、地上を含めた多くの鉄道は地形の起伏に追随し、急勾配や急曲線の多い線形になっています。

POINT
勾配の大きさ
勾配の大きさは水平距離1000mに対する高低差（メートル数）の比率で表され、単位はパーミル（‰）です。電車専用路線の最急勾配は約35‰に設定されます。機関車牽引列車や気動車は、通常これより緩い勾配でなければ走行できません。

地下鉄の駅はホームを頂点に、前後に勾配を設けているところがあります。駅に車両が到着するときは上り勾配が推進力を減衰させ、駅から出発するときには下り勾配が推進力を増幅させるので省エネの役割があります。

実際の勾配配置はバラエティーに富む

そのような勾配配置のパターンは、地下鉄の線路の理想といえます。しかし、実際は路線によって事情が異なり、単純なパターンにはできません。まず、狭いエリアでの勾配設定は自由でも、大きな地形には逆らえません。山地と海岸を結ぶ地下鉄は、全体的には片勾配になるのが道理です。また、1つの都市に2本目、3本目の路線となると、拠点駅では既存の施設をくぐり抜けなければならないため、低い位置を通らざるをえません。さらに、郊外の鉄道に乗り入れる場合は、地下と高架の大きな高低差を、短い距離で結ぶことになります。

したがって、**地下鉄路線の要所には、非常に急な勾配が設けられています**。そのため、列車には急勾配への高い対応能力が求められます。地下鉄の線路は、そのような高性能な列車が走ることを前提として、緩急さまざまな勾配が巧みに組み合わされた設計になっています。

豆知識
山地と海岸を結ぶ地下鉄
仙台市営地下鉄の東西線、神戸市営地下鉄の西神・山手線がこれに当たります。仙台市の八木山動物公園駅は標高136.4m、神戸市の総合運動公園駅は標高103mで、日本の地下鉄高所駅の1位と2位になっています。

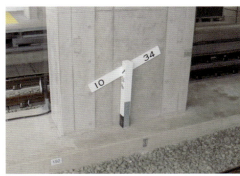

地下鉄路線にある勾配標。写真は、左から右に向かって10‰と34‰の上り勾配が続くことを表しています。

駅の部分の線路が高くなっていて、走行用の電力が節約されています。

快適で独創性の高いレモンイエローの車両
銀座線1000系

渋谷駅付近の地上区間を行く１０００系。黄色の車体にオレンジの帯を巻いたデザインです。

レトロな外観のハイテク車両

1000系は、2012年に営業運転を開始した車両です。1983年に登場した01系を全面的に置き換えるために導入されました。銀座線は日本最古の地下鉄で、かつてはその古さが改善の対象とされていましたが、改善の実施後は昔を懐かしむ人が増えました。1000系はこのような情勢を踏まえ、**見た目はレトロなデザイン、中身は最新技術を取り入れた設計**になっています。

アルミ合金製の16m３扉車体、前面は非常扉を車掌台に配置するなど、外部設計の基本は01系と変わっていません。その一方で、**前面は戦前・戦後期列車のイメージを採り入れ**、新旧のデザインの融合が図られました。また、アルミ車体は塗装が不要ですが、ラッピングフィルムを全面に貼り付け、**銀座線開業時のレモンイエロー**が再現されています。

POINT
アルミ車体のカラーリング
アルミ車体は腐蝕に強く、本来は塗装をしなくても使えます。1000系は好感度を高める観点から、あえて色の表現を行なっているのです。また、無塗装のアルミ車体は汚れが目立ちやすく、美観のために塗装される例も少なくありません。

豆知識
レモンイエロー
銀座線のラインカラーはオレンジであり、創業時のレモンイエローとは異なります。1000系は、そのレモンイエローの地にオレンジの細い帯を巻いています。

●前から　●横から

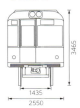
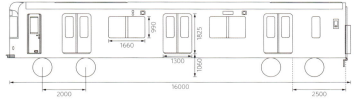

●上から

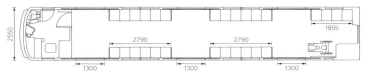

DATA

車両数：240
編成数：6両×40
定員・1編成(人)：610
製造初年：2011年
車体構造：アルミ製
自重(t)：26.5～27.9
最大寸法(mm)：長さ16000、幅2550、高さ3465

最高速度(km/h)：80
加速度(km/h/s)：3.3
減速度(km/h/s)：(常用)4.0、(非常)4.5
制御装置：VVVFインバータ方式
ブレーキ装置：電気指令式空気ブレーキ並びに回生ブレーキ(CS-ATC連動)

車内に入れば最新鋭のデザイン

　外観のレトロ感とは対照的に、1000系の車内は完全に現代的です。片持ち式のロングシート、座席の両端の仕切り板、曲線を描く握り棒などは、他線の新型車とも共通する設計です。1000系はその中でも最新のモデルとして、**貫通扉や荷物棚を全面ガラス張り**とし、車内が広く感じられるように工夫されました。貫通扉には浅草雷門の提灯、上野動物園のパンダなど、銀座線の沿線のシンボルがさりげなく描き込まれています。

　制御システムはIGBT素子を使用した**VVVFインバータ制御**で、交流誘導電動機を駆動します。この方式は、現在最も一般的な方式として、多くの鉄道会社で採用されているものです。銀座線の列車は、第三軌条から直流600Vの電流を取り入れ、これを交流に変換した上で主電動機に送り込みます。

用語解説
VVVFインバータ制御
Variable Voltage Variable Frequencyの略語で、「可変電圧・可変周波数」と訳されます。半導体素子を利用して、交流電流の電圧と周波数を自在に変える技術です。

01系の車体を18mに延長
丸ノ内線02系

後楽園付近の地上区間を行く02系。銀座線の車両よりも前後・左右の寸法が大きくなっています。

銀座線の01系を大型化

02系は、1988年から丸ノ内線を走っている車両です。01系に続く0系シリーズの第二弾で、**開業時から走っていた赤い車両（主力は500形）を更新**するために導入されました。

丸ノ内線は銀座線と同じ第三軌条集電の路線ですが、高度経済成長期の初期に建設されたため、当時の輸送需要の予測から、**銀座線の16mよりも少し長い18m車体で設計**されています。そのため、02系も01系より長くなり、乗降扉間の窓の数が2つから3つに増えました。車体が延びた利点を生かして、側ドアの幅も、01系の1300mmより広い1400mmに拡大されています。それ以外の設計は01系とよく似ており、アルミの無塗装車体、ブラックフェイス、高周波分巻チョッパ制御などを踏襲。ただし、窓下の帯の色は、丸ノ内線の路線カラーであるレッドになりました。

POINT

赤い車両
丸ノ内線を走っていた赤い車両は、開業当時の300形、その量産型の500形などです。300形は実用的な高性能電車の先駆けとして、日本の鉄道史に残る名車とされています

18m車体
18m3扉車体は、20m4扉と並んで、多くの鉄道で採用されています。戦後の首都圏では東急電鉄・小田急電鉄・京王電鉄・京成電鉄・京急電鉄などに見られましたが、東急電鉄・小田急電鉄・京王電鉄では、その後20m化が進みました。朝夕の混雑が激しくなり、18mではさばききれなくなったからです。

● 前から ● 横から

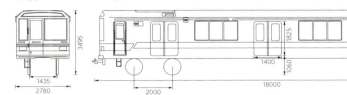

● 上から

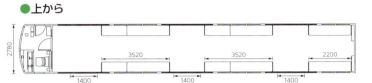

DATA

車両数：336
編成数：本線6両×53、分岐線3両×6
定員・1編成(人)：本線788〜792、分岐線383
製造初年：1988年
車体構造：アルミ製
自重(t)：23.1〜28.4
最大寸法(mm)：長さ18000、幅2830、高さ3495

最高速度(km/h)：80
加速度(km/h/s)：3.2
減速度(km/h/s)：(常用)4.0、(非常)5.0
制御装置：VVVFインバータ方式
ブレーキ装置：電気指令式空気ブレーキ並びに回生ブレーキ(CS-ATC連動)

昔の車両のイメージを託される

　導入当時は最新鋭だった設計も、時が経てば見直しを迫られます。02系は1995年まで7回に分けて増備され、後期のバージョンには新しい設計が採用されました。初期車にも改造が行なわれ、現在の**02系はさらに高い水準にリニューアル**されています。最も大きな変化として、制御方式はVVVFインバータ制御となり、新設のホームドアと連係する自動運転システム（ATO）が導入されました。また、当初はなかった冷房装置も追設されています。

　グレードアップが進む一方で、丸ノ内線では、昔の赤い車両を懐かしむ人も少なくありません。その思いに応えるべく、02系の赤い帯には2010年から昔のシンボル「**サインウェーブ**」が入るようになりました。この帯（ラッピングフィルム）は老朽車両を改修する際に順次、装着が行なわれています。

豆知識
サインウェーブ
数学の三角関数に関連する用語で、規則的な周期変化を表す波形の一つです。正弦波と訳されます。以前の丸ノ内線の赤い車両では、銀色のサインウェーブが白帯の中に描かれていました。下の写真のサインウェーブは現在の02系のものです。

引退が決まった18m車8両編成
日比谷線03系

東武線内を走る03系。車体のアルミ地と窓下の帯は、同じシルバーでも艶の調子が異なっています。

東武線・東急線との直通規格

　03系は、1988年から日比谷線で使われている車両です。既存の3000系に代わって導入され、**東武伊勢崎線・日光線、東急東横線と相互乗入れを行なう**ため、**3社直通規格**の18m3扉車体、ならびに架空線集電方式（パンタグラフ付き）で設計されました。

　基本的な性能・サービスは01系・02系に準じており、登場時は高周波分巻チョッパ制御が採用されました。0系シリーズのアルミ車体は日比谷線カラーと同じ銀色ですが、ラインカラーを強調するため、03系の側面にはシルバーの帯が入っています。03系では、**車両制御情報管理装置（TIS）**が導入されています。この装置は車両各部の機能チェック、動作の監視など、運転制御にかかわるさまざまな情報を集中管理するものです。運転操作はもちろん、検修作業を効率化するうえでも大きな役割を果たしています。

豆知識
東武伊勢崎線・日光線、東急東横線と相互乗入れ

長年にわたって3社の直通運転が行なわれていましたが、東急東横線との相互乗入れは2013年に終了しました。東急東横線の都心直通ルートが、営団地下鉄南北線・都営地下鉄三田線に置き換えられたためです。

用語解説
TIS

Train Information management Systemを略した呼び方です。同じ装置がJR東日本E231系にも採用され、その後、鉄道各社に広まりました。

●前から ●横から

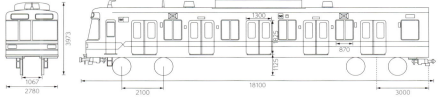

●上から

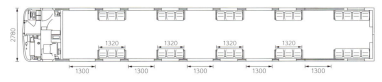

DATA

車両数：280
編成数：8両×40
定員・1編成(人)：1054〜1066
製造初年：1988年
車体構造：アルミ製
自重(t)：21.3〜30.6
最大寸法(mm)：長さ18100、幅2830、高さ3995

最高速度(km/h)：110
加速度(km/h/s)：3.3
減速度(km/h/s)：(常用)4.0、(非常)5.0
制御装置：高周波分巻チョッパ方式、VVVFインバータ方式
ブレーキ装置：電気指令式空気ブレーキ並びに回生ブレーキ(CS-ATC連動)

混雑対策で5扉車も登場

　日比谷線は、北千住寄り（東武線との直通ルート）の混雑が激しく、朝の混雑対策が重要な課題になっています。そのため、1990年の増備車からは**一部の車両を5扉**として、ラッシュ時の乗り降りの円滑化が図られました。日比谷線の列車は8両編成ですが、5扉車は編成両端の各2両です。多くの駅ではホームの両端に地上への通路があり、両端寄りの車両が特に混むからです。

　時代の要求の変化に伴い、03系も各種のシステム変更、リニューアルが行なわれています。制御方式は、0系シリーズの高周波分巻チョッパ制御から**VVVFインバータ制御**に変更されました。また、日比谷線の車両は18m車8両編成から20m車7両編成への変更が始まっており、03系は、13000系への置き換えによって廃車されることになっています。

豆知識
5扉車
特に混雑の激しい路線では、一般的な3扉車・4扉車よりもドア数の多い車両が使われることがあります。5扉車は京阪電鉄の5000系、6扉車はJR東日本のE231系などに採用例が見られます。

日比谷線初の20m車

　日比谷線の在来車両03系は長さ18mの3扉車で、混雑緩和のため、一部の編成の前後2両ずつは5扉車となっています。ところが、各駅にホームドアを設置するには扉配置を1パターンにしなければならず、また乗り入れ先の東武鉄道では20m4扉車が主力のため、今のままではホームドアの設置は困難です。さらに、日比谷線は1964年に全通した古い路線で、都心の道路下を走る区間がかなりあります。急カーブが多く、そのため、車両の長さが18mと短くなっているのです。
　しかし調査の結果、軌道関係の手直しを少々行なえば、20m車にしても支障がないことが分かりました。そこで、今後は**20m4扉車という通勤型車両の標準タイプに置き換える**ことになりました。こうして導入されたのが**13000系**です。ただし、ホームの長さの関係で、03系の8両編成に対し7両編成となります。

スタイリッシュな13000系

　日比谷線は当初からステンレス車両が用いられたため、**ラインカラーはシルバー**です。13000系も車体の色はシルバーを踏襲しています。**すべての車両にバリアフリー対応の座席のないフリースペース**を設け、車椅子利用者やベビーカー利用者、手荷物の多い旅行者にとっても使いやすくなりました。また、**フリースペースの位置を車体外観にサインで表示**しています。
　車両と車両をつなぐ貫通扉はガラスドア、座席上方の荷棚もガラス棚とし、明るくお洒落な雰囲気です。また、列車の顔というべき正面のヘッドライト、テールライトは実用的のみならずデザイン的にも優れ、**車内も外観も全体的にスタイリッシュな車両**に仕上がっています。

豆知識

荷棚のデザイン
座席上方の荷棚には強化ガラスが使用され、江戸切子風の模様が付けられています。築地、人形町といった下町を通るのにふさわしいデザインです。透過式LED照明も付いていて座席が暗くならないよう配慮されています。

13000系の操舵台車
線路幅の広い銀座線1000系で用いられた片軸操舵台車を狭軌向けに新開発し、急カーブをスムーズに走れるようにしました。日比谷線でよく耳にした曲線通過時の金属音のような騒音や振動も減り、乗り心地がよくなりました。

デジタル車内表示
車内のドア上部の案内表示をデジタル化。17インチワイド液晶式画面を3つ並べ、行き先や停車駅の案内を分かりやすく表示し、日本語のほか英語、中国語など多言語対応になっています。

日比谷線のラインカラー「シルバー」を踏襲し、ボディーもシルバーカラーで近代的な印象。

DATA

車両数：14
編成数：7両×6
定員・1編成(人)：1035
製造初年：2016年
車体構造：アルミ製
自重(t)：33.3～35.4
最大寸法(mm)：長さ20470、幅2780、高さ3995

最高速度(km/h)：110
加速度(km/h/s)：3.3
減速度(km/h/s)：(常用)3.7、(非常)4.5
制御装置：VVVFインバータ方式
ブレーキ装置：ATC連動電気指令式電空併用ブレーキ
(回生付)TISによる編成制御遅れ込め方式

先頭車両は無機質で冷たい印象を抱かせないよう、曲面ガラスで丸みが付けられています。

荷棚のガラスには江戸切子風模様が取り入れられており、粋な東京らしさが演出されています。

バリアフリー対応のフリースペースの位置は、車体外観にサインで表示されています。

車椅子やベビーカーを利用する人のためのフリースペースをすべての車両に完備。

第3章 車両・列車のしくみ

時速100キロで快速サービスを提供
東西線05系

05系の後期車。正面のデザインが初期車と異なります。

16年間にわたって製造が続いた

05系は0系シリーズの東西線仕様車で、1988年から使われています。**シリーズ初の20m4扉車**で、5000系を置き換えるために導入されました。

初期車の設計は0系の既存形式に準じており、車体内外のデザインや制御システム、機器構成などは、01系から03系までと似ています。やや違いが目立つのは前面形状で、従来よりも流線形に近く、速さを感じさせるものとなりました。東西線は地上区間で快速運転を行なうため、そのイメージを形に込めました。

また、5000系はステンレス車が多数、アルミ車が少数という構成でしたが、**05系はすべてアルミ車**であり、これによる5000系の置き換えは、ステンレスからアルミへの転換を象徴するものとなりました。

0系の投入は16年間、全13次にわたって行なわれました。総数は10両編成43本に及んでいます。

豆知識
流線形
流線形の前面形状はスピード感があり、しばしば特急車などに採り入れられます。しかし、時速100キロ程度の列車では、速度向上の効果はほとんどありません。

POINT
ステンレスからアルミへの転換
日比谷線(1961年開業)と東西線(1964年開業)はステンレス車によって開業しましたが、千代田線(1969年開業)の開業以降は、どの路線にもアルミ車が投入されています。

●前から　●横から

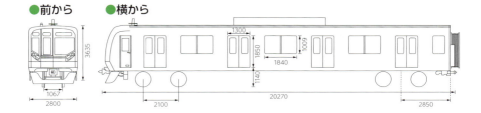

●上から

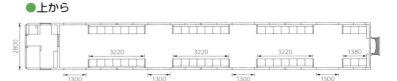

DATA

車両数：300
編成数：10両×30
定員・1編成(人)：1498〜1520
製造初年：1988年
車体構造：アルミ製
自重(t)：21.5〜31.9
最大寸法(mm)：長さ20270、幅2850、高さ4140

最高速度(km/h)：100
加速度(km/h/s)：3.3
減速度(km/h/s)：(常用)3.5、(非常)5.0
制御装置：VVVFインバータ方式
ブレーキ装置：電気指令式空気ブレーキ並びに回生ブレーキ (CS-ATC連動)

初期車と後期車で異なるデザイン

　製造が長期にわたったため、05系は新旧の仕様に大きな違いが見られます。初期車は、おおむねシンプルな顔をしています。制御方式は高周波分巻チョッパ制御で、それまでの0系シリーズと同じでした。

　初期車のうち4次車の一部と5次車はラッシュ時対策の**ワイドドア車**です。また、4次車は南北線の9000系とともに、営団地下鉄で初めてVVVFインバータ制御を採り入れた車両です。ワイドドア・VVVFともこの時はテスト導入でしたが、改良や再検討が行なわれ、後の車両に改めて採用されました。

　1999年登場の**8次車からは各部の設計が大きく変わり、前面デザインもアクティブな印象**になりました。制御方式はIGBT素子によるVVVFインバータ制御となり、新しい技術の導入と、ほかの路線との共通化が行なわれています。

> 豆知識
> **ワイドドア車**
> 両開きドアの多くが幅1300mmであるのに対し、ワイドドアは幅1800mmで、500mmも広くなっています。この広いドアによって、乗降時間の短縮が図られました。

21世紀の標準車を目指していた車両
東西線07系

荒川・中川橋を渡って東へ向かう07系。新製時の07系は黄色の帯を巻いていました。

有楽町線の増発のために登場

　07系は、1993年に有楽町線に導入された車両です。当時の有楽町線は池袋〜小竹向原間の複々線化と西武有楽町線の延伸が迫っており、07系は、これによる**増発のためにつくられました**。必要数は10両編成6本と少なく、7000系の増備でもこと足りたのですが、20年前の設計を流用するより、評価が高かった0系タイプにする策が採られたのです。

　また、前年の1992年には千代田線用に06系がつくられ、1993年に営業運転を開始しました。千代田線にも有楽町線と同じ事情があり、既存の6000系とは異なる新車の06系が1本だけつくられたのです。このような経緯から、06系と07系はよく似ています。従来車からの大きな設計変更は、先に出た06系の時に行なわれました。**07系は、06系のブレーキ性能などを有楽町線用に手直しした車両**です。

豆知識
当時の有楽町線
池袋〜小竹向原間の複々線と西武有楽町線の延伸部（新桜台〜練馬）は1994年12月に開通しました。複々線の増線部は、後の副都心線の一部です。西武有楽町線は小竹向原〜練馬間が全通し、1998年から営団・西武有楽町線と西武池袋線の直通運転が始まりました。

POINT
06系
06系は、千代田線の朝ラッシュ時の運転本数を増やすために、10両編成1本だけがつくられました。しかし、増備の機会がなかったことから使い勝手が悪くなり、2015年に廃車されました。

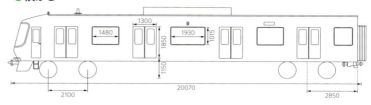
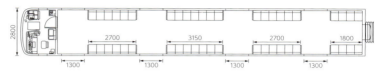

DATA

車両数：60
編成数：10両×6
定員・1編成(人)：1498〜1520
製造初年：1988年
車体構造：アルミ製
自重(t)：21.5〜31.9
最大寸法(mm)：長さ20070、幅2850、高さ4140

最高速度(km/h)：110
加速度(km/h/s)：3.3
減速度(km/h/s)：(常用)3.5、(非常)5.0
制御装置：VVVFインバータ方式
ブレーキ装置：電気指令式空気ブレーキ並びに回生ブレーキ(CS-ATC連動)

有楽町線から戦力外通告で東西線へ

　06系・07系は21世紀の営団車両の基本形とされ、「全ての人と環境にやさしい車両」をテーマに開発されました。先頭部は丸みを帯び、**VVVFインバータ制御**を採用するなど、デザイン・性能は一変しました。

　ユニークなのはドア配置で、各車の両端の乗降扉が、ロングシート1人分だけ中央に寄りました。ドア間の寸法は短－長－短とふぞろいで、完全な3等分ではありません。これは、先頭と最後尾の車両の両端の乗降扉を中寄りにずらし、ほかの車両にも同じ割り付けを採用したからです。運転室の拡大と、全車の寸法統一がその目的でした。

　ところが、この後、有楽町線にはホームドアの設置が決まり、全編成のドア配置をそろえることになりました。そのため07系はこの計画から外され、**2006年から3年がかりで、全車が東西線に移されました。**

豆知識

車両の転属
鉄道車両は製造・維持のコストが大きいので、余剰や不足の発生時には、効率的な配置転換が行なわれます。有楽町線で不要になった07系は、東西線では老朽化した5000系に代わる車両となり、サービスの向上が図られました。

東京メトロの発足後に生まれたワイドドア車
東西線15000系

東西線の主力となりつつある15000系。カラーリング以外は05系後期車とよく似ています。

久々に導入されたワイドドア車

　15000系は、2010年に東西線に導入されました。朝のラッシュの遅延対策として、05系4次車・5次車と同じワイドドアが採用されています。15000系の導入で、東西線のワイドドア編成は全部で21編成になりました（05系5編成、15000系16編成）。

　15000系は、4扉車10両編成の**すべての側ドアがワイドドア**です。通常のドア幅が1300mmであるのに対し、ワイドドアは1800mmで、全開時には大勢の人が短時間で乗り降りできます。

　ただ、ワイドドアは開閉に時間がかかり、停車時間の短縮効果は、いくらか限られたものになります。座席も一般の車両より少なく、これらのことが、かつては増備をやめた理由になっていました。しかし、東西線の朝の遅延はほかの方法では防ぐことができず、再びワイドドアが脚光を浴びることになったのです。

> **POINT**
> 東西線の朝のラッシュ
> 東西線は、JR総武本線の船橋駅・津田沼駅から東京都心まで乗り通す利用者が多く、そのことが、快速運転が行なわれている1つの理由になっています。

●前から　●横から

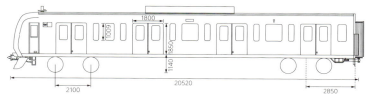

●上から

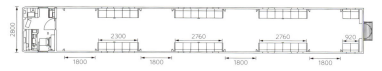

DATA

車両数：150	最高速度(km/h)：100
編成数：10両×15	加速度(km/h/s)：3.3
定員・1編成(人)：1520	減速度(km/h/s)：(常用)3.5、(非常)5.0
製造初年：2010年	制御装置：VVVFインバータ方式
車体構造：アルミ製	ブレーキ装置：電気指令式空気ブレーキ並びに回生ブレーキ(CS-ATC連動)
自重(t)：24.1～34.0	
最大寸法(mm)：長さ20520、幅2850、高さ4022	

05系の初期車を置き換え

　15000系の全体的な設計は、05系の後期車に準じています。前面形状も似ていますが、灯具の形と黒塗りの範囲が変わり、デザインのイメージチェンジが行なわれました。ラインカラーの水色の帯は、従来とは違ったパターンが描かれています。車内のカラーリングは寒色系で、これも暖色系から変化しました。

　制御方式はIGBT素子による**VVVFインバータ制御**で、現在の鉄道各社のスタンダードとなっているものです。また、東京メトロの標準装備として、車両制御情報管理装置(TIS)、車上信号方式のATCなどを装備しています。

　この車両の導入により、05系は16年間13次にわたった製造が終わりました。15000系は05系の1次車から4次車までと置き換えられ、小規模ながらも、東西線では車両の世代交代が行なわれています。

豆知識

黒塗りの範囲
ブラックフェイスは、初めは美観上の欠点を隠すために採用され、人が使うサングラスのような役割を果たしていました。黒の使い方は時とともに多様化し、自由な塗り分けが増えてきています。

東西線の世代交代
東西線は車両数が多く、新旧さまざまな世代の車両が混在しています。そのため、新旧の車両の置き換えは、適当な年数を経るごとに、少しずつ進められています。

第3章　車両・列車のしくみ

日本の省エネ車両の先駆け
千代田線6000系

ＪＲ常磐緩行線を走る6000系。左右非対称の前面デザインは、この車両が先駆けとなりました。

日本初のチョッパ制御車

　6000系は、1971年に千代田線に導入された車両です。千代田線は1969年に北千住〜大手町間で開業しましたが、当初は5000系の3両編成でした。

　この6000系は、**前面デザインの革新**と、**チョッパ制御**の導入で知られています。チョッパ制御は、主電動機に送る電気の量を半導体素子によって調節するシステムです。従来の電車ではこの調節に抵抗器が使われ、余剰電力を熱に変えて捨てるしくみになっていました。半導体は電気を捨てないので、チョッパ制御によって、電車は従来よりも少ない電力で走れるようになったのです。

　6000系のチョッパ制御は主回路に用いられ、**電機子チョッパ制御**と呼ばれます。その後に登場したAVFチョッパ制御、高周波分巻チョッパ制御は、いずれもこの電機子チョッパ制御を改良したものです。

💡 POINT
チョッパ制御

チョッパ制御は電気の流れを細かく切る（チョップする）技術であり、切る間隔を変えることによって、流れる量を調節します。直流電動機のチョッパ制御は、全面的に行なう電機子チョッパ制御と、部分的に行なう界磁チョッパ制御に大別されます。チョッパ制御以前の方式は、抵抗制御と呼ばれます。

🖊 豆知識
余剰電力を熱に変える

抵抗器による加速制御、抵抗器を使用する減速制御（発電ブレーキ）は、いずれも熱を放出します。地下鉄のトンネル内にはこの熱がこもりやすく、かつてはこれが、地下鉄車両の冷房化の妨げになっていました。

68

● 前から

● 横から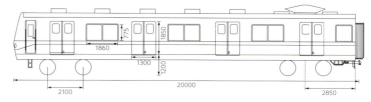

● 上から

DATA

車両数：70
編成数：10両×7
定員・1編成(人)：1424
製造初年：1969年
車体構造：アルミ製
自重(t)：24.4～36.8
最大寸法(mm)：長さ20000、幅2850、高さ4145

最高速度(km/h)：100
加速度(km/h/s)：3.3
減速度(km/h/s)：(常用)3.7、(非常)4.7
制御装置：VVVFインバータ方式
ブレーキ装置：電気指令式空気ブレーキ並びに回生ブレーキ(CS-ATC連動)

左右非対称の前面もここから

　6000系のもう一つの功績は、鉄道車両に**新しい前面デザイン**を生み出したことです。スピード感のある**前面部の傾斜、運転席の大きな一枚窓、左右非対称のレイアウト**は、この6000系以降、ほかの鉄道の車両にも普及しました。また、車掌台の部分には非常脱出口が設けられ、線路へ下りるための階段が組み込まれています。

　車内の設計も含めて初物づくしの6000系でしたが、電機子チョッパ制御は初期コストが非常に大きく、他社にはあまり普及していません。1980年代にVVVFインバータ制御が開発されると、これが業界のスタンダードになり、当時は採用されました。その後は電機子チョッパ車からの転換が進められ、今では、ほとんどの車両が**VVVFインバータ制御**となっています。

> **豆知識**
> 初物づくし
> 6000系には、営団地下鉄の車両で初めて電力回生ブレーキが導入されました。この装置は、車輪の回転を主電動機に伝えて電気を起こし(主電動機を発電機として使用し)、その電気を架線が吸い上げることでブレーキ力を得るものです。同じ架空線を使うほかの電車の電力使用が、回生電力を吸い上げる力になります。

東西線から千代田線に移籍して活躍
千代田線05系

千代田線のラインカラーであるグリーンの帯をまとった05系。支線用ですが、本線を回送運転されることもあります。

千代田線支線用の3両編成

05系は1988年に東西線に導入されましたが、第1次車から4次車まで（編成番号1～13）は新形式車に置き換えられ、東西線での使用を終えました。このうち8本は営団地下鉄を離れ、**海外の鉄道に譲渡**されましたが、残った5本のうち4本は短編成化のうえ千代田線に移り、**2014年から千代田線支線**（綾瀬～北綾瀬間）で使われています。編成番号1・3・6・13が、今も見られる4本です。

千代田線への転属にあたっては、10両から3両への組み換え、車体内外のリフレッシュなどが行なわれました。腰板の色帯は千代田線カラーのグリーン系2色となり、北綾瀬支線のホームドアがこの部分を隠すことから、側窓の上にも同じ色帯が貼られました。また、新製時は**高周波分巻チョッパ制御**でしたが、**VVVFインバータ制御**に換装されています。

豆知識
海外の鉄道に譲渡
05系初期車の一部は、インドネシアの鉄道事業者「KRLジャボデタベック」に譲渡されました。ジャボデタベックは首都ジャカルタの通勤路線網で、5000系・6000系・7000系の中古車の一部も、ここで再利用されています。

● 前から　● 横から

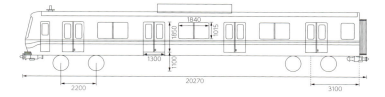

● 上から

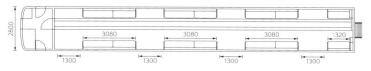

DATA

車両数：12
編成数：3両×4
定員・1編成（人）：438
製造初年：1988年
車体構造：アルミ製
自重（t）：21.5〜31.9
最大寸法（mm）：長さ20270、幅2850、高さ4135

最高速度（km/h）：100
加速度（km/h/s）：3.3
減速度（km/h/s）：（常用）3.7、（非常）4.7
制御装置：VVVFインバータ方式
ブレーキ装置：電気指令式空気ブレーキ並びに回生ブレーキ（CS-ATC連動）

乗務員の訓練にも使用

千代田線支線は、**車両基地への出入庫線を使用**して運営されています。本線とは運用が分けられ、少数派の車両グループの配置先にもなってきました。**千代田線6000系の第一次試作車、東西線5000系のアルミ試作車**が、05系以前に使われていた車両です。同じ系列の量産タイプとは取り扱いが異なるので、本線の運用から外されたのです。

これらの車両に比べると、05系初期車は経年が長いだけであり、運転機器も車内設備も、現役の本線用車両と大きな違いはありません。そのため、この05系は、**乗務員の訓練**にも役立てられています。場所は新木場駅の近くにある**総合研修訓練センター**（2016年開設）で、訓練用の05系は北綾瀬から新木場まで回送され、この構内で営業運転と同じ状況を設定して運転されています。

豆知識

出入庫線を使用
JR西日本の博多南線（博多〜博多南間）、JR東日本のガーラ湯沢線（越後湯沢〜ガーラ湯沢間、冬季のみ営業）なども同じタイプの路線です。この2つの例では、新幹線の車両に格安料金で乗ることができます。

6000系の第一次試作車
6000系は外観・内装・性能のすべてが革新的だったので、試作車によるテストを経たうえで量産されました。第一次試作車の登場時は、周知のデザインのほか、床下全体を覆う防音カバー、リクライニング式のロングシートなども試されていました。

6000系に代わる千代田線の新しい主力
千代田線16000系

16000系の第10編成。初期車では中央にあった非常ドアがオフセット配置に変更されました。

東京メトロらしさを追求したデザイン

　16000系は、2010年に千代田線に導入されました。副都心線10000系、東西線15000系に続く10000番台の第三弾で、ほぼ同時デビューの15000系が05系と似ているのに対し、**16000系は10000系との共通点が多く**、営団地下鉄ではなく**東京メトロになってから発注された車両**であることが感じられます。

　16000系の前面は10000系のような丸みを帯び、中央配置の非常口にも、10000系の方針が引き継がれました（非常口はその後見直され、第6編成以降は**オフセット配置**に戻りました）。車内設備も、荷物棚や車端部などが10000系と同じデザインになりました。

　その一方、**ロングシートの仕切りの拡大**と、その部分への**強化ガラスの組み込み**は新しい試みです。立ち客と着席客の分離を進めつつ、ガラスの透明感によって、圧迫感をやわらげているのです。

POINT
東京メトロが発注した車両
10000系・15000系・16000系・13000系と1000系は、営団地下鉄が東京メトロに変わってから導入された車両です。形式名は、各線の主力車の形式名に10000を加えたものが多く使われています。

用語解説
オフセット配置
鉄道車両の前面デザインにおけるオフセットとは、本来は中心・中央に設けられるものを脇へずらして配置することをいいます。

●前から　●横から

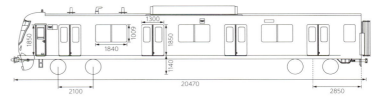

●上から

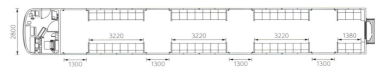

DATA

車両数：350
編成数：10両×35
定員・1編成（人）：1518
製造初年：2010年
車体構造：アルミ製
自重（t）：26.5～33.6
最大寸法（mm）：長さ20470、幅2800、高さ4075

最高速度（km/h）：100
加速度（km/h/s）：3.3
減速度（km/h）：（常用）3.7、（非常）4.7
制御装置：VVVFインバータ方式
ブレーキ装置：電気指令式空気ブレーキ並びに回生ブレーキ（CS-ATC連動）

6000系に代わって千代田線の主力に

　制御方式はIGBT素子による**VVVFインバータ制御**です。主電動機は**永久磁石同期電動機（PMSM）**で、他の形式の車両での試用を経て、初めて製造時から装備されることになりました。

　16000系の開発の目的は、経年による劣化が目立つ6000系の置き換えです。デビュー以降、増備が続いており、**近い将来、全車が6000系と入れ替えられます**。千代田線には1993年にも06系という新形式車が追加されましたが、これは6000系の不足を補うためのものでした。そのため、06系は10両編成1本しかつくられていません。

　16000系は大量に製造されており、すでに**千代田線の主力形式**となっています。06系の導入時に比べると手堅い設計ですが、効果を実証済みの性能・サービスを採り入れた、評価の高い車両です。

用語解説

主電動機

電車・電気機関車が走るための動力を発生させる装置です。長年にわたって直流直巻電動機が使われていましたが、1970年代には直流複巻電動機、1980年代には交流誘導電動機が登場し、新しい電流制御方式とセットで導入されています。

第3章　車両・列車のしくみ

消えゆく6000系と同じ外観で走り続ける
有楽町線・副都心線7000系

6000系とほぼ同じ外観の7000系。副都心線ができるまではイエローの帯だけ巻いていました。

6000系の改良車として
有楽町線にデビュー

　7000系は、1974年の有楽町線開業とともに導入されました。外観・内装とも**千代田線6000系とそっくり**でしたが、6000系の電機子チョッパ制御を改良した**AVFチョッパ制御**を採り入れ、省電力の効果がさらに高められた車両でした。外観では、前面の非常口の上に小窓がつくられ、これが6000系との唯一の違いとなっています。小窓は列車種別の表示を想定したものですが、今に至るまで使われていません。

　6000系・7000系の登場時、側窓は2段式でサッシ付きでしたが、後に一段下降窓に変更されました。また、貫通路には壁もドアもなく、数両分の車内がひと続きに見える構造でしたが、風が通り抜けるため、後に壁が設けられました。この2形式は、ほかにも多くの部分で導入後にデザイン変更がなされています。

POINT
AVFチョッパ制御

AVFはAutomatic Variable Fieldを略したもので、自動可変界磁と訳されます。6000系の方式に比べて、主電動機内にチョッパ制御の及ぶ領域が増やされました。その分だけ、電力消費が抑えられるようになっています。

豆知識
列車種別の表示

列車の種別と行先は、7000系の製造時には別々に表示されていました。しかし、有楽町線で種別表示が始まった時には、LED表示機による一括表示が可能になっていました。

第 6 章

東京メトロの豆知識・ヒミツ

独力の調査研究で地下鉄開業

　そこには東京に見られるような混雑した路面電車の姿はありません。テムズ川の下を潜り、**市内に地下鉄路線網が都市交通として整備**されていたのです。早川は感動しました。そして**日本の地下鉄建設に生涯をかけることを決意**し、研究調査の**テーマを「地下鉄」に変更**し、ロンドン、パリ、グラスゴー、ニューヨークの**地下鉄事情を視察**して帰国しました。早川は早速、調査研究に没頭します。自らの**上着のポケットに白い豆と黒い豆**を入れ、交通が頻繁な雑踏に立ち、人、電車、荷車、人力車などを数えて**交通量調査を行ない**ました。苦心の結果、乗客数の多いのは、浅草、上野、銀座、新橋などをつなぐ**「大通り」**であるのが分かりました。また、地下鉄建設ができない理由とされた**地質や湧き水も調べ**、日本橋建造の際に行なわれていた地質調査の前例や、東京市の井戸の調査により、**地下鉄建設に何ら問題がないことを証明**しました。

　苦難を乗り越え地下鉄は開業。つかの間、早川は1942年11月に61歳で没します。早川は「やがて東京にはクモの巣のように地下鉄が走る時代が来る。そうでなくてはならない」と生前語っていたそうです。それは現実化し、抱いた夢はさらに発展しています。

POINT

理解されない地下鉄の必要性

周囲の説得を試みる早川は「ほら吹き」「山師(詐欺師)」などと揶揄されました。それが当時の日本の現状ですが、早川の努力がなければ、現在の充実した地下鉄ネットワークは築かれていなかったことでしょう。

1925年9月27日に起工式

ロンドンで地下鉄建設を決意してから11年を経て、ようやく迎えた起工式で早川は感激し涙しました。奇しくもこの日は世界初の鉄道、英国ダーリントン～ストックトン間開業100周年と同日、時刻も同じ午前10時で、これを早川は起工式上にて報告し、参列者は深く感動しました。

感無量の試運転

1927年12月2日、遅れていた工事も終わり、役員が集まり、鉄道省の関係者も招かれて試運転が行なわれました。早川は故障も覚悟し「我が国初の試みであり、細心の注意を払い運転し、何が起きても誰も発言してはいけない」旨の沈黙を指示しました。しかし、試運転は大成功で、真新しい車両がトンネルに滑り込むと、沈黙を指示した早川自身が「万歳！」と叫んだそうです。

社員読本。人材育成や愛社精神を養うために著されました。早川の優れた経営手腕をうかがい知れます。

銀座駅に設置された早川徳次の胸像。地下鉄時代の到来を眺め、心の底から喜んでいることでしょう。

Mini Column

早川徳次の胸像

1941年5月に、東京地下鉄道を去った早川を惜しみ、当時の社員一同のカンパにより、名彫刻家、朝倉文夫が制作しました。台座には偉業を伝える碑文も刻まれています。新橋駅に長らく設置されていましたが、地下鉄50周年の1977年12月に現在の銀座駅構内に移設され、地下鉄の繁栄を見守っています。レプリカが地下鉄博物館にもあり、広く親しまれています。

日本に地下鉄を導いた偉業と功績
地下鉄の父・早川徳次

下積みから学んだ鉄道業

　東京地下鉄道を自ら創設しながらも、対立騒動で会社から去った早川徳次はその功績から、「地下鉄の父」と呼ばれています。その苦難の足跡を追ってみます。

　早川徳次は1881年、山梨県に生まれ、早稲田大学を卒業後、**後藤新平**に師事をして**南満州鉄道**に入ります。後藤の逓信大臣就任（鉄道院総裁を兼務）により、**早川も退職**し、後藤に頼んで**鉄道院に就職**します。当時、大学卒業者は「学士さま」とも呼ばれた時代でしたが、早川は**現場の仕事を身につけることを希望**し、**新橋駅のきっぷ切りや手荷物係を経験**し、鉄道の仕事を下積みから始めました。後に佐野鉄道（現・東武佐野線）の経営を任され、その実績と才能から高野山鉄道（現・南海高野線）の支配人になりましたが、すぐにやめました。

　自由人となった早川は、鉄道先進国の欧米に**「鉄道と港湾」研究調査の旅**をします。1914年8月、まず訪れた英国**ロンドンで出会ったのが地下鉄**でした。

> **用語解説**
>
> **後藤新平**
> 初代南満州鉄道総裁で鉄道院総裁、東京市長などを歴任。内務大臣兼帝都復興院総裁時代に関東大震災後の帝都復興計画を立案したことでも知られます。
>
> **南満州鉄道**
> 日露戦争後の1906年から満州国（現・中国東北部）に存在した半官半民の日本の鉄道会社です。車両などに高い技術が導入されましたが、敗戦となる1945年に満州に侵攻したソ連軍に接収されました。

早川徳次『東京地下鉄道史・乾』より

起工式で自ら杭打ち機の綱を持つ早川。ハンマーが力強く落下した瞬間、早川は男泣きしました。

東京メトロを走る車両。相互直通運転により、さまざまな車両が走っています。

月刊のフリーペーパーや構内図などの冊子が配布されています。「メトロのトリセツ」は東京メトロの取扱説明書。

10000系車両。

 Mini Column

新しいシンボル「ハートM」

シンボルマークは、アテネ五輪のシンボルマークを手掛け、世界的に実績のある英国の「ウルフ・オリンズ社」が作成しました。その形から「ハートM」と呼称され、色はコーポレートカラーで「ハートM」の背景色にもなった「ブライトブルー」が選定されました。

第5章 東京メトロの歴史

● 前から　● 横から

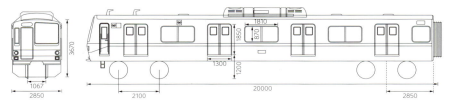

● 上から

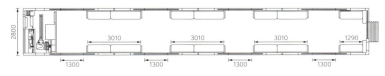

DATA

車両数：180
編成数：10両×6、8両×15
定員・1編成（人）：（10両）1424、（8両）1136　製造
初年：1974年
車体構造：アルミ製
自重(t)：27.6〜37.3
最大寸法(mm)：長さ20000、幅2850、高さ4145
最高速度(km/h)：100
加速度(km/h/s)：3.3
減速度(km/h/s)：（常用）3.5、（非常）4.5
制御装置：VVVFインバータ方式
ブレーキ装置：電気指令式空気ブレーキ並びに回生ブレーキ(CS-ATC連動)

改造を繰り返して副都心線にも対応

　電機子チョッパ制御をベースとする技術革新は、長い間、省エネ・省コスト施策の主軸となっていました。しかし、1980年代に**VVVFインバータ制御**が開発されると、その普及は急ピッチで進み、業界のどの会社にとっても無視できないものとなりました。そこで営団地下鉄でも採用を決め、その後、チョッパ制御からVVVFインバータ制御への換装が各線で進められました。7000系の改造は1990年代の半ばから始まり、すでに全車が機器の交換を終えています。

　2008年には副都心線が開業し、一部の区間を有楽町線と共有する列車運行が始まりました。この開業に先駆け、7000系には、**新線の自動運転（ATO）とホームドアに対応する改造**が施されています。**ラインカラーの帯には副都心線のブラウンが加わり、有楽町線のゴールド、それにホワイトとの3色表示**になりました。

🌱 豆知識

VVVFインバータ制御への換装

この換装の対象となった車両は、将来も営団・東京メトロの路線で走り続ける車両に限られました。6000系・7000系とも、経年劣化の目立つ編成はVVVFインバータ制御化を見送られ、すでに除籍になっているものもあります。

東京の地下鉄に新風を吹き込んだ
有楽町線・副都心線10000系

丸みのある先頭部が美しい10000系。副都心線の開業を機にデビューしました。

東京メトロとして初の新形式

　10000系は、2006年に有楽町線に導入されました。有楽町線と、2008年開業の副都心線で活躍している車両です。**民営化後の東京メトロが初めて導入した車両**で、新会社の標準車となるべく、デザイン・性能に細心の注意が払われています。

　前面デザインは、**球体をイメージさせる流線形**になりました。従来はオフセット配置だった非常口が中央に移り、事故時にほかの編成が牽引する場合、通常の貫通式の方が乗客の移動に便利です。車内は仕切り板のエッジや握り棒の形をシンプルな曲線とし、前面デザインとの整合が図られています。車内の貫通ドアは強化ガラスによるワイドなもので、開放感が演出されました。**ラインカラーのブラウンを基調としたインテリア**は、明るさと落ち着きを感じさせます。**天井も従来車より185mm高く**、ゆとりある空間を創出しています。

豆知識
車内の貫通ドア
幅広でドアのない貫通路は、見栄えがよい反面、風が吹き抜けて不快な場合があります。しかし、防犯・防災の観点からはこの構造が望ましく、一枚ガラスの貫通ドアは、その妥協を図った方式といえます。

●前から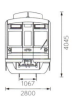

●横から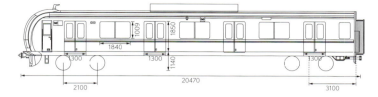

●上から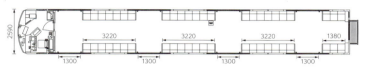

DATA

車両数：360
編成数：10両×36
定員・1編成（人）：1518
製造初年：2006年
車体構造：アルミ製
自重(t)：24.2～34.2
最大寸法(mm)：長さ20470、幅2800、高さ4045

最高速度(km/h)：100
加速度(km/h/s)：3.3
減速度(km/h/s)：（常用）3.5、（非常）4.5
制御装置：VVVFインバータ方式
ブレーキ装置：電気指令式空気ブレーキ並びに回生ブレーキ（CS-ATC連動）

東京郊外の広い範囲で活躍

　制御方式はIGBT素子による**VVVFインバータ制御**です。また、副都心線は**自動運転（ATO）・ホームドアのシステム**なので、これにも対応しています。従来の有楽町線には7000系と07系の2形式が所属していましたが、07系はホームドアの配置パターンに対応できず、東西線への転用を余儀なくされました。10000系は、これによる不足を補ったうえで副都心線の所要両数を満たし、比較的短い間に**10両編成36本**という大きな勢力に成長しています。

　有楽町線・副都心線は、今日までに、東武東上線、西武有楽町線・池袋線、東急東横線、横浜高速鉄道みなとみらい線との**相互直通運転**を実現させています。そのため、10000系が運用される範囲は非常に広く、東京の西部・南部に住む多くの人々に、**東京メトロの看板車両**として親しまれています。

💡 POINT
ホームドアの配置パターン
ホームドアの配置パターンは、車両のドアのパターンと同じでなければなりません。多くの場合は通勤車の標準寸法である20m 4扉（均等配置）に対応しており、これに合わない車両は、設置計画から除かれます。その一方、複数のドアパターンに対応するホームドアの開発も進められています。

豆知識
相互直通運転
副都心線・有楽町線の所属車は、東武東上線内は森林公園駅まで、西武池袋線内は飯能駅まで、東急東横線・みなとみらい線内は終点の元町・中華街駅まで直通します。夏期は西武狭山線の終点・西武球場前駅に直通することもあります。

第3章　車両・列車のしくみ

0系シリーズの車内デザインのルーツ
半蔵門線8000系

車両設計の過渡期に生まれた8000系。新旧のデザインが各部で共存しています。

6000系と7000系のデザインを改良

　8000系は、1981年に半蔵門線に導入されました。この車両は半蔵門線初の営団地下鉄所属車、並びに、千代田線6000系に始まる**電機子チョッパ車シリーズの第三弾**です。7000系は性能の向上が大きかったのに対し、8000系ではデザインが大きく変更されました。

　前面は、**額縁の中に顔があるような、一段とユニークなもの**になりました。側窓は、従来の2段式ではなく、**営団地下鉄初の一段下降式**です。座席の袖の仕切りは、小型化のうえ、プリント柄も木目調からベージュの織物風に変わりました。6000系や7000系の登場時に壁やドアがなかった貫通路は、壁とドアを設けた構造に戻されています。

　外観は革新、内装は復古という修正でしたが、このデザインは評価が高く、後に6000系・7000系も同じデザインに変更されました。

用語解説
一段下降窓
窓の上部で換気を行なうための窓で、開放時のガラスは、側板の腰部に収納されます。立ち客が操作しやすく、着席客の髪が風で乱れないという利点がある反面、側板に雨水が侵入しやすく、防水・防錆（ぼうせい）対策が必要になります。

POINT
外観は革新、内装は復古
鉄道車両の設計においては、利用者に新鮮さと安心感の2つを提供することが重要です。安心感は長年の習慣によるものが多く、新しいデザインが既存の利点を損なうものであると分かった場合は、その部分だけ元に戻されることもあります。

●前から　●横から

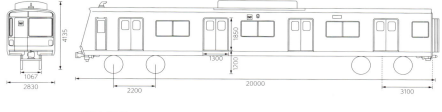

●上から

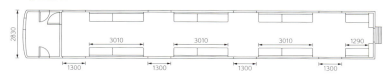

DATA

車両数：190
編成数：10両×19
定員・1編成（人）：1424〜1436
製造初年：1980年
車体構造：アルミ製
自重(t)：22.5〜36.8
最大寸法(mm)：長さ20240、幅2830、高さ4145

最高速度(km/h)：100
加速度(km/h/s)：3.3
減速度(km/h/s)：(常用)3.5、(非常)4.5
制御装置：VVVFインバータ方式
ブレーキ装置：電気指令式空気ブレーキ並びに回生ブレーキ(CS-ATC連動)

非冷房時代の最後の形式

　8000系の次の形式は、1983年に導入された銀座線01系です。この間に車両設計の概念が大きく変わり、8000系は新旧の世代のはざまに位置する車両といえます。例えば冷房化への対応では、8000系は冷房準備車として登場し、後に冷房車として完成しました。1970年代のトレンドだった側ドアの小窓は、8000系の登場以降、採用されなくなりました。

　一方、この車両をルーツとする**車内デザインは0系シリーズにも採用**され、05系の初期車まで受け継がれています。そのほか、この8000系は日本の鉄道で初めて**ボルスタレス台車**を採り入れ、地味ながらも、きわめて先駆的な役割を果たしています。

　制御方式は7000系と同じAVFチョッパ制御でしたが、2004年以降、**VVVFインバータ制御**への換装が行なわれました。

用語解説
ボルスタレス台車
多くの電車・気動車では車体と台車の間に枕梁（ボルスタ）が挿入され、台車が心皿部分で円滑に動くようになっています。ボルスタレス台車はこの枕梁がなくても支障なく動くようにしたもので、軽量化のための新しい技術です。

安定した性能・デザインが魅力の車両
半蔵門線08系

半蔵門線の全通時にデビューした08系。営団地下鉄時代の最後の形式です。

0系シリーズの最後の形式

　08系は、2002年に半蔵門線に導入されました。半蔵門線の全通及び東武伊勢崎線との相互乗入れ開始に伴い、**10両編成6本**が製造されました。

　この08系は、銀座線の01系に始まる**0系シリーズの最後の形式**です。しかし、1983年の01系登場からすでに20年が過ぎており、初期の形式である01系・02系などとは、シリーズとしての共通点があまり見られません。08という形式名は、8000系の次の世代という意味で付けられたものです。

　08系は、1999年登場の東西線05系後期車をベースにして設計されました。側構体の一部に**アルミ押し出し中空形材**（ホロー材）を採り入れ、車体の強度を高めたことが、既存の車両との大きな違いです。制御方式は当初からIGBT素子による**VVVFインバータ制御**で、今に至るまで、変更されていません。

POINT
半蔵門線の全通

半蔵門線は2003年に水天宮前～押上間が開通し、渋谷～押上間が全通しました。押上では東武伊勢崎線と結ばれ、既存の東急田園都市線との乗入れを含め、この時から久喜・南栗橋～押上～渋谷～中央林間の相互直通運転が行なわれています。

●前から ●横から

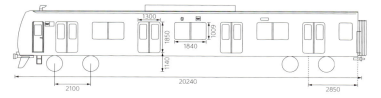

●上から

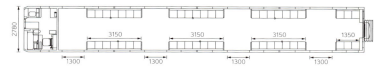

DATA

車両数：60
編成数：10両×6
定員・1編成(人)：1500
製造初年：2002年
車体構造：アルミ製
自重(t)：21.5～32.1
最大寸法(mm)：長さ20240、幅2780、高さ4080

最高速度(km/h)：110
加速度(km/h/s)：3.3
減速度(km/h/s)：(常用)3.5、(非常)4.5
制御装置：VVVFインバータ方式
ブレーキ装置：電気指令式空気ブレーキ並びに回生ブレーキ(CS-ATC連動)

営団の車両として最後を飾る

　内容的には既存形式のコピーになりましたが、前面は色設計が工夫され、従来から少し変化しただけにもかかわらず、かなり新鮮なイメージになりました。集電装置は営団地下鉄初の**シングルアームパンタグラフ**となり、その後の設計の先駆けを果たしています。

　また、これは05系後期車にもいえることですが、その前に登場した06系・07系の側面の割り付け（ドア間の座席割りが6・7・6人）が受け継がれず、従来の割り付け（座席割りは7・7・7人）で設計されています。この点でも、08系は、伝統的なデザインへの回帰が図られています。

　08系は、営団地下鉄が東京メトロに移行する前の最後の新形式車両です。長い年月をかけて練り上げられてきた、営団スタイルの集大成にふさわしい設計といえるでしょう。

用語解説
シングルアームパンタグラフ
従来の菱形のパンタグラフと異なり、擦り板をアーム1本で押し上げるタイプのパンタグラフです。軽量で保守に手がかからず、高速車両では風切り音を抑える効果もあります。

豆知識
側ドア配置
20m 4扉車の場合、ロングシートの寸法は、ドア間はすべて7人がけ、車端部は3人がけとなるのが一般的です。運転室のある車両とない車両の違いをどう扱うかによって、座席の寸法配分に違いが出てきます。

第3章　車両・列車のしくみ

81

複数の新しい技術を一挙に導入
南北線9000系

東急電鉄の複々線区間を走る9000系初期車。先頭部の曲面ガラスがユニーク。

VVVF制御とATOを初めて採用

　9000系は、1990年に試作車が登場し、1991年の南北線開業時から使われている車両です。後に業界の標準となる**VVVFインバータ制御**は、営団地下鉄ではこの車両から採り入れられました。また、南北線は営団地下鉄で初めてワンマン乗務の**自動運転（ATO）**と**ホームドア**を採り入れ、9000系にはそのための機器も搭載されました。運転台にはマニュアル運転用の**T字形ワンハンドル**と、**自動運転用の発車ボタン**、**ドア操作ボタン**が併設されています。外観は0系シリーズの4扉車に準じていますが、前面の窓が**パノラミックウインドー**になりました。1人乗務となる運転士にとって、視界が広く、目視確認をしやすい構造です。また、南北線は利用客が比較的少ないと考えられたため、行楽客に喜ばれるよう、登場時は車端部に4人向かい合わせのクロスシートが設けられました。

用語解説
パノラミックウインドー
車体の前面（または連結面）から側面にかけて、一体的にデザインされた窓のことです。曲面ガラスや2枚の平面ガラスのL字配置によって構成されます。

●前から ●横から

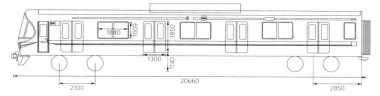

●上から

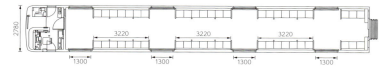

DATA

車両数：138
編成数：6両×23
定員・1編成(人)：882～886
製造初年：1990年
車体構造：アルミ製
自重(t)：22.5～36.8
最大寸法(mm)：(1次車)長さ20660、幅2830、高さ4140

最高速度(km/h)：110
加速度(km/h/s)：3.3
減速度(km/h/s)：(常用)3.5、(非常)4.5
制御装置：VVVFインバータ方式
ブレーキ装置：電気指令式空気ブレーキ並びに回生ブレーキ (CS-ATC連動)

南北線の発展とともに各部を変更

　南北線は、郊外への延伸、隣接他社線との直通化によって賑わうようになりました。9000系も当初の4両編成が6両になり、適宜、増備が行なわれています。
　2009年登場の5次車では、デビュー以来のイメージチェンジが行なわれました。前面デザインはより個性的になり、ラインカラーの帯は幕板にも貼られています。窓の下にあるだけでは、ホームドアに隠れて見えないことがあるからです。また、混雑することが増えたため、クロスシートの設置は中止されました。今後は初期車も5次車に倣って改造・改装が行なわれ、サービスの統一が図られます。
　9000系から始まったVVVFのシステムは、その後、**制御素子の改良**（GTOサイリスタからIGBTへ）が行なわれました。9000系の制御装置も増備中から**IGBT方式**となり、既存編成も換装が行なわれています。

💡 POINT
ホームドアに隠れて見えない

南北線のホームドアは、ガラス製のフェンスが車両の側面全体を覆うタイプです。一方、南北線と直通する東急目黒線・埼玉高速線には、丈の低い金属製のホームドアが普及しました。そのため、これらの駅のホームでは、車両の下方を見ることができません。

🔍 豆知識
制御素子の改良

VVVFインバータの制御素子は、電気回路のオンオフを高速で行なう半導体です。GTOサイリスタはGate Turn-Off thyristor、現在多く使われているIGBTはInsulated Gate Bipolar Transistorを略した呼称です。

遠距離利用者へのスピードサービス
優等列車の走る路線・区間

東西線の葛西駅で快速に追い抜かれる各駅停車。快速は通過専用線を高速で駆け抜けます。

東西線の優等列車「快速」

　東西線は、西船橋駅よりもさらに東の、船橋・津田沼・千葉などから東京都内へ向かう利用客の多い路線です。そこで、この遠距離客と近距離客の流れを分け、遠距離客の直行の要望に応えるために、地上区間の西船橋〜東陽町間で**快速運転**が行なわれています。

　「快速」の停車駅は西船橋駅、浦安駅、東陽町駅、及び東陽町駅以西の各駅です。日中15分おきの設定で、各駅停車2本に対して快速1本の割合で設定されています。また、平日朝の西行きは「**通勤快速**」となり、浦安〜東陽町間も各駅に停まります。

　原木中山・妙典・葛西の3駅には待避設備があり、昼間帯の**快速は、このうち1駅で各駅停車を追い抜きます**。東西線の地上区間の営業最高速度は**時速100キロ**で、地下区間の時速80キロを上回るスピードです。

用語解説
優等列車
各駅に停車する普通列車に対し、特急・急行など、通過駅を設けて所要時間を短く設定した列車(速達列車)を、一般に優等列車と呼んでいます。ただし、国鉄では特別料金の必要な速達列車を優等列車と呼んでおり、快速は普通に含まれていました。現在のJRの快速については、優等列車と普通列車の二通りの解釈があります。

豆知識
各駅停車
各駅停車という表現は、一般には普通列車を説明するときに用いられます。しかし、東西線・副都心線の各駅停車は列車種別であり、これらは普通とは呼ばれません。この二つの呼び分けはほかにも例があり、それぞれ固有の事情によります。

東西線・副都心線の快速・急行停車駅

中野　落合　高田馬場　早稲田　神楽坂　飯田橋　九段下　竹橋　大手町　日本橋　茅場町　門前仲町　木場　東陽町　南砂町　西葛西　葛西　浦安　南行徳　行徳　妙典　原木中山　西船橋

和光市　地下鉄成増　地下鉄赤塚　平和台　氷川台　小竹向原　千川　要町　池袋　雑司が谷　西早稲田　東新宿　新宿三丁目　北参道　明治神宮前〈原宿〉　渋谷

※平日・土曜休日：急行は停車、通勤急行のみ通過。

東西線は地上区間の西船橋〜東陽町間で快速運転が行なわれています。平日朝の西に向かう快速は通勤快速になります。
副都心線は急行のほか、平日の朝夕は通勤急行が走っています。

副都心線の優等列車「急行」

　副都心線は、**渋谷駅・新宿駅（駅名は新宿三丁目）・池袋駅**という大ターミナル（副都心）を結びます。そのため、この路線では、直通先の私鉄線からこの3駅への直行と、3駅間の移動に便利な急行運転があります。

　「急行」の停車駅は、和光市駅、小竹向原駅、池袋駅、新宿三丁目駅、明治神宮前〈原宿〉駅、渋谷駅となっています。日中約15分おきの設定で、各駅停車2本に対して急行1本の割で設定されています。また、平日の朝夕は「**通勤急行**」となり、和光市〜小竹向原間は各駅に停まります。

　東新宿駅には待避設備があり、急行・通勤急行が各駅停車を追い抜きます。ほとんどの急行は東武鉄道・西武鉄道・東急電鉄・横浜高速鉄道の各線に直通し、相手線内では特急・快速急行・快速などの種別に変わります。全ルートで最速の種別を保つ列車は、遠距離移動に便利な「**Fライナー**」として案内されています。

豆知識
待避設備

原木中山・葛西・東新宿の3駅は、通過専用線を持つ待避駅です。妙典は2面4線の待避駅です。地下駅に待避線を追設するのは難しいので、各駅の構造は、計画時に慎重な需要予測を行なったうえで決められます。

第3章　車両・列車のしくみ

懐かしの名車 その1

約90年にわたる、東京の地下鉄を走った名車、名場面を写真で振り返ります。

1200形
東京地下鉄道の浅草〜新橋間の全通に伴い、1933年より24両が製造されました。東京地下鉄道初の車両1000形の流れをくんでいますが、モーターなど機器類がそれまでの米国製から国産化されました。中間車（モーターなしの付随車）化を経て、銀座線で1986年まで半世紀以上活躍しました。

1300形
戦後の営団地下鉄初の車両で、1949年から12両が製造されました。後に1200形同様に中間車化されましたが、1359・1366号車は機器類の大半を撤去したまま乗務員室が残り、1359号車はリベット接合の重厚な車体でした。1200形とともに1986年に引退しました。

1400形
丸ノ内線開業に備えた試作車で、初代車両300形の機器を搭載し1953年に銀座線に投入されました。初めて蛍光灯が採用され、300形と同じ軸流送風機が設けられました。中間車化されましたがモーターのある電動車でした。1300形などに先がけ、1985年に引退しました。

2000形
銀座線用に1959〜1963年の5年間に104両が製造されました。駆動方式が丸ノ内線で使用されている新しいWN駆動となり、空気ばね台車も途中から採用され、座席上すべてに荷棚、両端に握り棒が配置されました。1993年まで長らく活躍し、01系と交代しました。

懐かしの名車 その2

500形
丸ノ内線の池袋〜新宿間全通に向け1957〜1964年まで、234両が増備された丸ノ内線の標準車両です。両運転台だった300・400形を片運転台に改めました。1995年に02系に主役を譲り、引退しました。

瞬間停電
銀座線を走る電動発電機を持たない2000系までの車両では、駅手前やポイント部分のデッドセクション（第三軌条のない無電区間）で、室内灯が消えて予備灯が点灯する瞬間停電が発生していました。これは銀座線の風物にもなっていました。

リコ式吊り手
初めての地下鉄車両であった1000形から採用された"ばね仕掛け"の吊り手です。東西線用の5000系まで踏襲されましたが、頭をぶつけるなどトラブルが発生したため、後に普通の吊り手になりました。

3000系
日比谷線開業用に1961年から製造されました。営団地下鉄で初めての架空線式車両で、セミステンレス車体、前面は曲面ガラスで、内装は無塗装の化粧板を使用するなど最新鋭の車両でした。1994年に引退しました。

第4章
駅のしくみと特徴

新宿〜荻窪間は別線だった？
幻の「荻窪線」とは

荻窪線全通式の様子。

建設目的は中央線の混雑緩和

　丸ノ内線は池袋〜荻窪間24.2kmと分岐線中野坂上〜方南町間3.2kmの路線で、池袋〜新宿間は1959年までに先行開業しました。新宿〜荻窪間と分岐線は同年着工され、翌年に**荻窪線**と名付けられました。

　これは新宿〜荻窪間の建設が、**最混雑時300％を超えていた国鉄（現・JR）中央線の通勤混雑緩和が目的**だったことも一因です。1キロ当たり約20億円を投じたこの路線の建設は軽くない負担でしたが、社会状況を鑑みて建設に踏み切りました。荻窪線は新宿〜新中野間、中野坂上〜中野富士見町間が1961年2月に開業、その後徐々に路線が延び、翌年3月の中野富士見町〜方南町間の開業をもって荻窪線が全通しました。一挙に開業しなかったのは、**日比谷線建設工事に技術陣を二分しなければならなかったこと、年間の工事予算を平準化する必要があった**ためです。

💡 POINT

荻窪線の開業年月日
1961年2月8日
新宿〜新中野間3.0km、中野坂上〜中野富士見町間1.9km
1961年11月1日
新中野〜南阿佐ケ谷間3.1km
1962年1月23日
南阿佐ケ谷〜荻窪間1.5km
1962年3月23日
中野富士見町〜方南町間1.3km

日比谷線の建設工事
日比谷線は営団地下鉄初の架空線集電方式の鉄道で、1957年に建設計画が決定し、1959年に工事が始まりました。最初の開業は南千住〜仲御徒町間で1961年3月。最初の荻窪線開通の1カ月後になります。

東銀座駅に延びる地下通路。この下に地下商店街が建設される予定となっていました。

銀座線ホームに残る空襲時の遺構。安全性に問題はありませんが、壁面上部が飛び出していることもあります。

日比谷線ホームに下りる階段。ホームは東京市（現在の東京都）の高速鉄道計画のため、開業時から建設されていました。

 Mini Column

日比谷線の駅の建設
当初、線路の両側にホームがある相対式ホームで東京市の高速鉄道予定駅が建設されていました。第三軌条方式が想定されていたので架空線方式の日比谷線よりトンネル断面が90cm低く、日比谷線に転用する際に銀座線軌道部分に桁が仮設され、上下床版を改造することで拡大。同時にホームも島式にする工事が行なわれました。

現在の日比谷線銀座駅。

第6章　東京メトロの豆知識・ヒミツ

繁華街駅に眠る遺構
銀座駅の知られざる歴史

日比谷線ホームは戦前に建設

　多くの利用客で賑わう銀座駅ですが、開業は古く、**知られざる歴史やそれを物語る遺構**があります。
　銀座駅は東京地下鉄道により1934年3月に開業し、**東京屈指の繁華街**でもあり、当初から賑わい華やかでした。戦後は**丸ノ内線が建設**されましたが、銀座線の現在地とはやや離れていたため、**西銀座駅**として1957（昭和32）年12月に開業しました。駅名が異なる**両者を結んだのが日比谷線**で、銀座・丸ノ内線を交差する形で1964年8月に銀座駅が開業し、コンコース階で3路線が連絡されたことから、**銀座総合駅**とも呼ばれました。
　この日比谷線の銀座駅のホームと通路は、**戦前の開業時にすでに建設**されていました。当時、**東京市による高速鉄道計画**があり、将来を見越して**銀座駅を交差する予定の駅を建設**したのです。計画は後に中止されましたが、日比谷線の駅として活用でき、先人たちの遺産が大いに役立ったのです。

空襲被害の痕跡も残る

　戦時中の1945年1月27日には空襲により、**米軍機の500kg爆弾が投下**され、**トンネルが破壊**し、**水道管も同時に破壊される大被害**を受けました。
　現在の銀座線ホームの浅草方面行き（B線）新橋側の壁の一部がやや飛び出ていますが、これは**爆撃を受け破壊された当時の面影**です。
　日比谷線建設時には、東銀座側、晴海通りの三原橋撤去に伴う**商店の移転先**として、**地下2階部分に地下商店街**を設ける予定でした。しかし商店の反対により移転は白紙化、地下商店街は幻となり、**現在も地下空間**が、当時の計画を担っていた東京都の倉庫として静かに眠っています。

POINT
賑わいの地下コンコース
日比谷線開業により生まれた大型の地下コンコースは、当時から活況を呈していました。1994年には、画家平山郁夫の作品「楽園」が飾られた「銀座のオアシス」がオープン。待ち合わせスポットなどに利用されています。「地下鉄の父」早川徳次の胸像もあり常に華やぎ、今後の駅リニューアルでさらに魅力のある駅になることが期待されます。

豆知識
駅冷房
駅の冷房化がいち早く行なわれ、日本橋駅と同時に1971年7月1日から営団地下鉄初の駅冷房が開始されました。

用語解説
空襲被害
銀座、京橋両駅の一部が破壊。爆弾投下前の空襲警報により列車を止めていたので被害が軽減されたのは幸いでした。しかし、破裂した水道管の水が溢れ、浅草～三越前間、新橋～渋谷間で折り返し運転となりました。1945年2月からは三越前～新橋間を単線のみで運転を再開し、3月10日に復旧しました。

渋谷駅の移設による線路切り替え工事の様子。

渋谷駅の移設構図のイメージ。

銀座線渋谷駅の完成イメージ。乗り換えの利便性の向上や、バリアフリー設備などを充実させています。

銀座線浅草駅は、神社建築や神輿などをイメージしたつくりに改装予定。

Mini Column

駅のデザインコンセプト

各駅が持ち合わせている個性は、異なるデザインで表現されます。浅草駅が「祭りの街」、田原町駅が「道具の街」、稲荷町駅が「佇む街並み」、上野駅が「美術館のある街」、上野広小路駅が「上品な横町」、末広町駅が「電気の街」、神田駅が「昭和のオフィス街」、三越前駅が「着物の街」、日本橋駅が「橋の街」、京橋駅が「時のギャラリー」となっています。

第6章 東京メトロの豆知識・ヒミツ

143

新宿仮駅

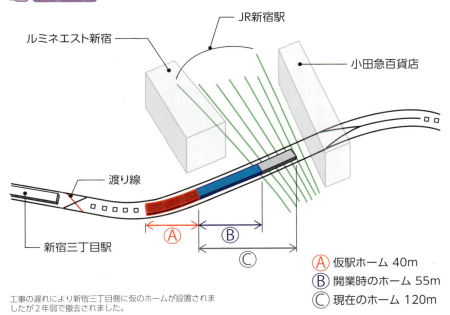

Ⓐ 仮駅ホーム 40m
Ⓑ 開業時のホーム 55m
Ⓒ 現在のホーム 120m

工事の遅れにより新宿三丁目側に仮のホームが設置されましたが2年弱で撤去されました。

短命に終わった新宿仮駅

新宿仮駅は、丸ノ内線が新宿駅まで1959年3月に延伸開業した際に建設されました。新宿西口地区の用地買収が進まず工事が遅れたため、池袋駅同様に開業に間に合わず、国鉄線との地下横断部分を未完成のまま101mのホームを設置。**不足する40mは新宿三丁目駅側に木造の仮ホーム**が設けられました。出入り口も仮設でしたが、中2階のコンコースは新宿三丁目駅と結ばれていました。

しかし、翌年11月には本駅が完成したため、**仮ホームは2年弱の短命で撤去**されました。出入り口やコンコースも整備され、現在の新宿三丁目〜新宿間を地下道で結んだ**メトロプロムナード**ができあがり、利便性が向上して華やかに賑わうようになりました。仮駅のホーム跡地には、今も**丸い当時のホーム支柱や、通路への階段部分が残っています**。

豆知識

新宿駅西口の地下鉄ビル構想

丸ノ内線上の西口地区は営団地下鉄の用地で、当初、地下鉄ビルの建設が構想にあり、地下通路もビルに連絡できるよう準備されました。しかし地下鉄ビル構想はなくなり、小田急百貨店が建設されました。現在のメトロプロムナードへの連絡階段付近の、やや飛び出した通路は、地下鉄ビル構想があった開業時の名残です。

華やぐ新宿の地下通路

新宿三丁目駅には通路に大型のショーウインドーが設置され流行の先端のディスプレーが飾られました。新宿本駅開業によりメトロプロムナードは商業で繁栄する新宿の街のシンボルにもなりました。

第6章 東京メトロの豆知識・ヒミツ

地下鉄博物館

歴史から最新技術まで体験して学べる

東西線葛西駅の高架下にある地下鉄博物館。

地下鉄第1号車が保存展示

　東西線葛西駅の高架下にある地下鉄博物館は、地下鉄が都市生活の中でどのような役割を担い、どのようなシステムで動き、どのように守られているかなどを**「観て、触れて、動かして理解する」**ことで学べる**日本で初めての地下鉄の博物館**です。

　実物の車両も展示され、1927年開業時の**地下鉄初めての車両1000形**（1001号車）が、レモンイエローの車体も美しく復元保存展示されています。**丸ノ内線初代車両の300形**（301号車）が仲よく並び、当時の歴史が感じられます。また、日本の地下鉄が開通してから現在までを、**パネルや貴重な展示物で知る**こともできます。地下鉄のつくり方も、実際に使用された**大きなシールドマシンカッターディスク**やシールドトンネルも展示され、建設方法や技術が分かりやすく紹介されています。

DATA

開館時間：10〜17時
（最終入場16時30分）
休館日：月曜日（月曜日が休日の場合は翌日）年末年始
入館料：大人210円、子供（4歳〜中学生まで）100円
交通機関：東京メトロ東西線葛西駅下車すぐ
所在地：〒134-0084東京都江戸川区東葛西6-3-1

💡 POINT

開業時の駅を再現

1001号車の展示場所では、開業時のスクラッチタイル貼りの上野駅ホームや自動改札機の「ターンスタイル」が再現され、当時の駅の様子が分かります。銀座駅にある「地下鉄の父」早川徳次の胸像も複製され、東京地下鉄道に関する資料も展示。地下鉄の歴史を、その始まりから学べます。

1927年開業時の地下鉄初めての車両1000形。2017年9月に重要文化財に指定されました。

1000形の車内の様子（通常、車内は非公開）。

Mini Column

銀座線車両01系カットモデル

1984(昭和59)年に運行が開始されたこの車両は、既存車両の古いイメージを一新し、車両の近代化を進めるため、新しいデザインと新技術が導入された車両でした。運行開始から30年以上にわたり愛され続けてきましたが、平成29年3月をもって新型車両1000系車両にすべて更新されました。平成28年7月から、新しいモニュメントとして先頭部分のみが展示されており、運行時に見ることのできなかった運転台部分の構造が理解できます。

本物さながらのシミュレーターも

　博物館内に設置されている**運転シミュレーター**は、千代田線の6000系と同じ運転台で、実際の揺れまで体験できます。銀座線、東西線、有楽町線の簡易型シミュレーターもあり、運転士と同様な気分を味わうことができます。

　総合指令所の指令体験では、実物同様のモニターなどが配置され、安全に走る地下鉄の取り組みが学べます。実物車両では、**東京高速鉄道の100形**（129号車）がカットモデルとして展示され、運転台の操作により車輪が動き、ドアの開閉も行なえ、車両のしくみがよく分かります。

　また、特別展が開催される**展示コーナー**、地下鉄建設の映画などが上映される**ホール**、**図書室**もあり、同館に収蔵される多くの**歴史遺産も一部が公開**され、地下鉄の知識をより深めることができます。

豆知識
地下鉄工事の出土品

地下鉄建設の際には、地中に眠っていたさまざまなものが出土します。丸ノ内線の建設では縄文時代の土器が発掘されました。日比谷線の建設では、実に約5万年前のナウマン象の骨が見つかり館内に展示されています。

駅の改装などで生まれ変わる
銀座線リニューアル

6つの計画でさらに便利に

東京メトロで最も歴史がある**銀座線**では、大規模なリニューアル工事が進められています。「**伝統×先端の融合**」をコンセプトに、**5つのエリアごとの**「**全駅改装**」「**ホームドアの設置**」「**新型車両の導入**」「**渋谷駅の移設工事**」「**新橋駅の大規模改良**」「**各種イベントの実施**」の6つの計画に取り組んでいます。

近年の新しい出来事は、2016年11月に、渋谷〜表参道間、青山一丁目〜溜池山王間を2回に分け、計4日間運休させ、渋谷駅の移設による線路切替え工事が実施されました。工事による**4日間の終日運休**は初めてで、利用者も驚きましたが、運休に伴う混乱もほとんどなく、これを機会に渋谷駅の工事現状や将来像がよく見えてきました。

渋谷駅の現在の**ホームは、表参道側に約130m移設**されます。これは、渋谷駅周辺の再開発事業と連携したもので、新しいホームは両側に線路が通る**島式ホーム**となり、従来の乗車、降車専用の区別はなくなります。狭かった**ホーム幅も拡大**され、**ホームドアも設置**し、**混雑が大きく改善**されます。JR山手線や副都心線、東急東横線などとコンコースや通路で結ばれ、**乗り換えも便利**になります。新しいホームは、ゆったりとしたアーチで構成され、ガラス面も多く、安らぎのある開放的な空間になることが予想されます。工事は2009年1月より行なわれており、2021年度に完成する予定です。

銀座線リニューアルで最大規模となるが、**駅の改装**です。全19駅を浅草〜神田間を「**下町エリア**」、三越前〜京橋間を「**商業エリア**」、銀座駅を「**銀座エリア**」、新橋〜赤坂見附間を「**ビジネスエリア**」、青山一丁目〜渋谷間を「**トレンドエリア**」とした5つのエリアに分け、**駅デザインをコンペにより公募**、優れた作品のアイデアを基に、駅デザインが決められます。

用語解説

新型車両の導入
長らく増備の続いた1000系が全40編成となり、すべての車両が1000系になりました。また2編成が開業時の1000形をイメージした特別仕様で、通常運行のほか、イベントなどで活用されます。

新橋駅の大規模改良
渋谷方面行き(A線)ホームを延長し、階段、エスカレーター、エレベーターを再配置しホーム幅を確保。ホームの混雑緩和が図られます。

POINT

駅の歴史遺構も活用
上野駅では開業時から残る構造躯体が遺構ディスプレーとして間接照明で演出されます。神田駅では、今までカバーで覆われていたホームの開業時からのリベット柱(鉄鋼框=てっこうかまち)をガラスで囲み、同様に通路にあるリベット柱とともに照明で演出され、工事が行なわれています。

リニューアルの進捗と完成年
工事は各駅で実施され、「下町エリア」は2015年着手。上野・田原町・末広町駅が2017年、稲荷町・末広町駅が2018年、浅草・上野広小路駅が2018年に完了予定。「商業エリア」は日本橋駅が2016年に着手、2019年度に完了予定。京橋駅が2017年に着手、2019年度に完了予定。三越前駅は2020年度以降に着手が予定されています。

地下に設けられた駅は、地上駅のようにホームの延伸や増設が簡単にできず、開業時に設けられたホームが使われ続けていることが多くあります。一方でJRなどの駅との接続が広がることで駅の利便性向上が図られています。近年は駅ナカに商業施設が設けられるなど、開発にも力が入れられています。

1日平均724万人が利用する
東京メトロの駅の構造

地下駅は駅舎がなく出入り口のみ

　東京メトロの駅は大半が地下に設けられているので、地上の駅ほどホームの形状に自由度はありません。また、道路下にライフラインが建設されていることもあり、ホームの延伸や増設なども簡単にはできません。このため開業時に設けられたホームが引き続き使用されているケースが多く見られます。

　ホームの形状は**島式1面2線**、あるいは**相対式2面2線**のホームが大半で、表参道・小竹向原など同一ホーム上で乗り換えが可能な駅は、例外的に島式2面4線ホームを有します。

　東京メトロには線路が行き止まりの**頭端式ホーム**が少ないのも特徴的です。これはほとんどの路線が他社線と相互直通運転を行なっているため、東京メトロでは**終端駅でも他社線では始点駅**になっているためです。

　また、銀座線渋谷駅、千代田線北綾瀬駅、有楽町線新木場駅は終端駅ですが、その先の車両基地や車庫に線路は延びています。

　地下駅には駅舎が存在せず、小さな駅は改札前の階段を上がるとすぐに地上へ出る構造になっています。出入り口は1・2・3……と番号が振られています。A線（上り線）とB線（下り線）それぞれに改札と出口が設けられている相対式ホームの駅もあり、反対側の出口を利用するにはホーム下の通路を経由しなければなりません。**地上への出入り口が複数あるターミナル駅では**、アルファベットと数字で出入り口が区別されています。

　他路線との乗り換えは、改札内と改札外の2パターンがあり、大手町駅などは両方を採用しています。改札外乗り換えとなれば、一度、改札を通過しなければならず、全駅に自動改札機を設置している東京メトロでは、**改札外乗り換えについては30分以内ならば運賃を通算**する施策を採っています。

POINT

駅ナカ施設
東京メトロは、駅ナカ商業施設の開発に力を入れています。「Echika」のブランド名で表参道・池袋、「Echika fit」のブランド名で東京・銀座・永田町の各駅に、アパレルや飲食などの店が入居しています。

用語解説

島式ホーム
ホームの両側に線路があるタイプ。改札やほかのホームとは跨線橋、構内踏切、地下道などで連絡します。1面で2線が利用するため、相対式ホームに比べて設置費用は安価。

相対式ホーム
複線を挟んでホームが向かい合うタイプ。1本の線路に1つのホームが向かい合うともいえ、異なる方向に進む列車が同一ホーム上に停車する島式に比べて誤乗車の可能性が低くなっています。

頭端式ホーム
行き止まりの構造で、駅舎に近いホームの先端がつながった姿がくし形に見えることから「くし形ホーム」とも呼ばれます。ホームの先端で乗り換えを並行移動で行なえる便利さはありますが、営業運転を終えた列車が車両基地に回送される際に、営業列車1本分のダイヤを使うことになるので、増発が難しくなります。ヨーロッパのターミナル駅に多く、日本ではJR上野駅の地上ホーム、会津若松駅、西武鉄道飯能駅などで採用されています。

地下鉄には駅舎が少なく、道路からコンコースへアプローチする出入り口が設けられているケースが多くあります（東西線・日比谷線茅場町駅）。

ビルに併設された出入り口もあります（南北線赤羽岩淵駅）。

 Mini Column

ICカード乗車券での乗り換えは差額を差し引く

磁気きっぷ・回数券で改札外乗り換えを行なう場合は、乗換駅でオレンジ色の自動改札機を通過すると、きっぷが回収されません。ICカード乗車券ではどの自動改札機を通過してもよく、その際に乗車駅から乗換駅までの運賃（A）が徴収されます。本来の下車駅では乗車駅から下車駅までの運賃（B）から先に徴収した運賃を引いた差額（B-A）が引き落とされます。このため乗車駅～乗換駅の運賃が乗車駅～下車駅と同じであれば、下車駅での引き落としは行なわれません。

第4章 駅のしくみと特徴

終点は副都心の駅から境界駅へ
ターミナル駅の変遷

渋谷駅から出発する銀座線1000系電車。

JR駅と接続するターミナル駅

　東京には**JR山手線の駅に接続**し、起終点とする鉄道会社が多くあります。小田急電鉄・京王電鉄・西武鉄道などが該当します。日本で最も利用者が多い山手線と接続することで、自社路線の利用者を増やす目的があります。そうした起終点駅は人が集まり、駅ビルが設けられて**ターミナル駅**として成長しました。東京メトロも例外ではなく、**戦前に開業した銀座線、昭和30年代に全通した丸ノ内線**は山手線と接続する駅を起点に延伸しています。

　一方、**日比谷線**以降に建設された路線には、東京の人口増加によって通勤・通学時間帯に**郊外から都心へ向かう人が増えた**ことで国鉄（現・JR）と私鉄が接続するターミナル駅の混雑が激しくなり、**郊外から都心へのバイパス路線**としての役割がありました。このため、地下鉄と国鉄・私鉄の直通運転を前提に建設さ

用語解説
ターミナル駅
英語のterminal（末端）で、公共交通では起終点駅を指し、ひるがえって鉄道やバスの路線が数多く集中して発着が行われる場所を意味するようになりました。

JRとの接続駅

路線名	駅名
銀座線	渋谷、新橋、神田、上野
丸ノ内線	池袋、御茶ノ水、東京、四ツ谷、新宿、荻窪
日比谷線	北千住、上野、秋葉原、八丁堀、恵比寿
東西線	中野、高田馬場、飯田橋、西船橋
千代田線	綾瀬、北千住、西日暮里、明治神宮前〈原宿〉
有楽町線	池袋、飯田橋、市ケ谷、有楽町、新木場
半蔵門線	渋谷、錦糸町
南北線	王子、駒込、飯田橋、市ケ谷、四ツ谷、目黒
副都心線	渋谷、池袋

※赤字は山手線の駅と接続。

Mini Column

管轄が2度変わった渋谷駅

半蔵門線渋谷駅は東急田園都市線との接続駅です。この駅を管轄する会社は2度変わりました。渋谷駅は、1977年の東急新玉川線（現・田園都市線）開業時は、まだ半蔵門線が開業していなかったため東急電鉄の駅でしたが、もともと営団地下鉄が建設したことから1978年の半蔵門線開業と同時に営団地下鉄に移管されました。しかし、副都心線の渋谷駅が東急電鉄の管轄に決まると、半蔵門線と改札内乗り換えができることから、2007年に半蔵門線駅も東急電鉄へ移管されました。

れ、JR駅と接続する東京メトロの駅であっても、従来のターミナル駅とは、様相が異なっています。

大手町もターミナル駅の一つ

　他社線と相互直通運転を行なう前提で建設された地下鉄の起終点駅は、そのまま**他社線の駅**でもあります。東西線中野駅や千代田線代々木上原駅のように、接続駅で折り返す列車も設定されていますが、他社線へ直通する列車も多く、ターミナル駅という雰囲気はありません。境界駅では他社線内でダイヤ乱れがあった際に折り返し運転が行なわれます。そうして東京メトロ線内の混乱を最小限に食い止めるのです。例外的ですが、都心にありながら複数の路線が接続し、乗換駅として終日に渡り賑わう点を見れば、**大手町駅もターミナル駅**といえるでしょう。大手町駅周辺は、地下街が点在し、これらはターミナル駅の駅ビルに匹敵します。

豆知識

接続駅の管轄は？

接続駅の駅舎には、乗り入れている両社のマークが併記されていますが、両社が共同で管理することはあまりありません。どの事業者が管理するのかは、両事業者の話し合いで決まりますが、どちらが管轄しているかは、駅名標を含むサインデザインで判断できます。

東京メトロで最も早く開通した
銀座線の駅

百貨店に直結する駅が多い

　銀座線の前身は日本初の地下鉄会社である東京地下鉄道と東京高速鉄道です。戦前には全通しており、地表から比較的浅い場所に建設されています。

　浅草は銀座線開業時、東京で最も賑わった繁華街の1つで、最初の地下鉄は上野〜浅草間に建設されました。**浅草駅**は江戸通りと雷門通りが交差する地点にあり、東武鉄道浅草駅とは地下道で直結しています。

　上野広小路・三越前・日本橋・銀座の各駅は、それぞれ松坂屋・日本橋三越本店・髙島屋・銀座三越・松屋に直結しています。これは地下鉄延伸に際してデパートに資金を提供してもらったことによります。東京地下鉄道は「デパート巡り乗車券」も発売していました。

銀座線で最も新しい溜池山王駅

　新橋駅は、今では中間駅に過ぎませんが、かつては東京地下鉄道と東京高速鉄道の境界駅でした。1939年に相互直通運転が開始され、1941年に両社とも営団地下鉄に統合されました。6番出入り口でJR線の駅に直結しています。

　溜池山王駅は銀座線で最も新しい駅です。南北線開業とともに乗換駅として設けられました。改札内乗り換えで千代田線**国会議事堂前駅**と、さらに千代田線ホームを経由して丸ノ内線**国会議事堂前駅**に乗り換えが可能です。溜池山王駅と国会議事堂前駅は**同一駅と見なされ**、乗降人員数は合算されます。同駅は千代田区と港区の区界にあり、千代田区は「山王下」、港区は「溜池」の駅名を付けることを希望したため、両駅を合体させた駅名となりました。

　渋谷駅は銀座線唯一の地上駅で、ビルの3階にホームが位置します。その奥には上野検車区渋谷分所が置かれ、終着列車はここに引き上げられます。

POINT
谷底にできた渋谷の街

渋谷は谷の底に街が広がっています。このため東から地下を走ってきた銀座線は、渋谷駅に到着する直前で谷を形成する崖を出て、地上に出ます。高度は地下区間と同じなのですが、街が谷底にあるためホームは地上3階に位置しているのです。

豆知識
東京地下鉄道の乗車促進策

銀座線のうち浅草〜新橋間を開業した東京地下鉄道は、「デパート巡り乗車券」のほかに、定期券購入者への夕刊無料進呈、商業施設「地下鉄ストア」を展開するなど、積極的に乗車促進策を展開しました。

赤い柱に瓦ぶき屋根が特徴的な浅草駅の出入り口。

出入り口がオフィスビルに併設されている溜池山王駅。

Mini Column

"東洋初の地下鉄道"の評判

1927年に浅草〜上野間で開業した銀座線は、1両の列車が3分間隔で運転され、所要時間4分50秒でした。現在の遊園地の乗り物の感覚だったのでしょうか、新しい物好きの江戸っ子は早速試乗に出向き、開業初日の乗客数は午前中だけで約4万人、1日を通すと10万人を超えました。

銀座線唯一の地上駅である渋谷駅。高い位置にホームがあります。

第4章　駅のしくみと特徴

97

駅ビルや分岐線の駅
丸ノ内線の駅

東京メトロでは珍しい駅ビルを備える後楽園駅。

地上駅が多い丸ノ内線

　後楽園駅は地上駅で、**地下鉄では珍しい駅ビル**が設けられています。この駅ビルは営団地下鉄時代の1994年に開業し、「メトロ・エム後楽園」と命名されています。ビル内にはレストランや小売店などが入居しています。2006年に運営・管理が東京メトロの関連会社に移管されました。当駅は柔道の総本山、講道館の最寄りです。

　本郷三丁目駅は東京大学の最寄り駅です。東大といえば赤門が有名です。それにあやかってか、本郷三丁目駅には**赤い門が駅入口**に立てられています。また、この色彩は丸ノ内線のラインカラーでもあります。

　赤坂見附駅は銀座線との接続駅で、丸ノ内線新宿方面と銀座線渋谷方面、丸ノ内線池袋方面と銀座線浅草方面が**同一ホーム上で乗り換え**ができます。2つのホームは2層建てになっています。

POINT
支線を走る列車

丸ノ内線分岐線は中野検車区への路線を営業線としたものです。通常は3両編成が中野坂上〜方南町間を往復していますが、右ページで触れるように中野検車区への出入庫を兼ねて、本線の6両編成列車が中野富士見町駅まで乗り入れています。このため、中野新橋駅と中野富士見町駅のホームは6両編成分の有効長がありますが、方南町駅のホームにはその長さがありません。

JRと接続する四ツ谷駅では屋根上にJRと東京メトロのマークが併記されています。

丸ノ内線四ツ谷駅ホームから見た旧御所トンネル。

Mini Column

四ツ谷駅から見えるJR線のトンネル
丸ノ内線四ツ谷駅(A線荻窪方面)ホームからは、JR中央線(複々線)のトンネルがよく見えます。このトンネルのうち中央・総武緩行線の下り列車が通過するトンネルは、1894年10月に開通した都内最古の旧御所トンネルです。この名前は赤坂御所(現・迎賓館)の下を抜けていることに由来します。隣接する新御所トンネルは、緩行上り線、快速の上下線が通っています。

支線が分岐する中野坂上駅

四ツ谷駅も地上駅です。JR中央線四ツ谷駅が皇居外側の埋立地の谷底に設けられ、**丸ノ内線の駅はJR駅より高い**ところにつくられました。新宿方面ホームから中央線のトンネルが見られます。

丸ノ内線は東京メトロの中で数少ない支線を有する路線です。**丸ノ内線分岐線**(支線)は**中野坂上駅**を始発駅とします。当駅は**2面の島式ホームが2番線を挟み3線とする構造**で、2番線は分岐線の折り返し列車が発着します。このため、荻窪方面、池袋方面いずれからでも同一ホーム上で乗り換えができます。

分岐線の**中野富士見町駅**は終点の1つ手前の目立たない駅ですが、中野検車場の最寄りで、早朝深夜及び朝夕ラッシュ前には入出庫を兼ねた当駅始発・終着列車が設定されています。

豆知識

東京メトロの上り線・下り線
JRは東京駅を起点に発車する方向を下り、逆を上りとしています。ほかの鉄道は東京駅に近い駅を始点としているケースが多く見られます。東京メトロは東京駅を越えて延びる路線が多いため、「上り線・下り線」ではなく「A線・B線」と名付けて区別しています(P.15参照)。

都心の東側から城南地区へ
日比谷線の駅

大工事を経た北千住駅

　日比谷線は北千住〜三ノ輪間が地上線で、北千住駅・南千住駅が高架駅です。日比谷線と東武鉄道伊勢崎線・日光線との接続駅である**北千住駅**は、**地上3階に日比谷線ホーム、2階がコンコース、1階が伊勢崎線ホーム、地下2階が千代田線ホーム**になっています。JR常磐線・首都圏新都市鉄道（つくばエクスプレス）も接続し、朝夕ラッシュ時は乗換客で混雑します。

　以前は日比谷線と東武伊勢崎線のホームは同一で、朝ラッシュ時はホームに溢れんばかりの乗客がいました。**1992年に駅の改良工事に着手し、1997年に竣工**、日比谷線と伊勢崎線が上下に分離されました。

　秋葉原駅は電気街の東端、昭和通り（国道4号）の下に位置し、3番出入り口はJR駅の改札口正面にあります。2005年につくばエクスプレスが開通し、乗換駅としての重要性が高まっています。

官公庁の中心や繁華街に駅が立地

　築地駅はホームの両先端に出入り口があります。南西の1・2番出入り口には築地本願寺、中央卸売市場、北東の3・4番出入り口には聖路加病院があります。また、乗換駅に指定されていませんが**築地駅から北東へ約200m**の地点に有楽町線新富町駅があります。

　官公庁の中心にある**霞ケ関駅**は、丸ノ内線・日比谷線・千代田線の駅が農林水産省の建物を「コの字」で囲むように配置されています。丸ノ内線は1956年、日比谷線は1964年、千代田線は1971年に同駅まで開業し、それぞれ一時期は終着駅でした。

　六本木駅は2000年まで日比谷線のみがつながる駅でしたが、同年に都営地下鉄大江戸線が開通。乗換駅になったことで混雑が予想されたことから、日比谷線の駅のコンコースとホームの拡幅工事が行なわれました。

POINT
半蔵門線の列車も乗り入れる北千住駅

北千住駅に乗り入れる東京メトロの列車は日比谷線・千代田線だけではありません。半蔵門線は押上駅から東武伊勢崎線・日光線に乗り入れ、北千住駅の伊勢崎線ホームに到着します。このため北千住以北の東武伊勢崎線・日光線には東京メトロでは出会わない日比谷線と半蔵門線の列車が同時に見られます。

豆知識
つくばエクスプレス

2005年に開業した首都圏新都市鉄道つくばエクスプレスは、秋葉原〜つくば間58.3kmを、最高速度130km、最速45分で結びます。全線が立体交差（地下・高架・堀割構造）で、踏切は存在しません。都心と筑波研究学園都市、沿線地区の通勤・通学路線、筑波山への観光アクセスとして利用されています。

北千住駅の立体構内図

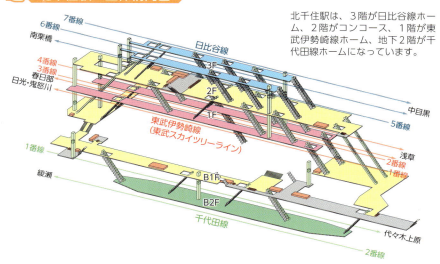

北千住駅は、3階が日比谷線ホーム、2階がコンコース、1階が東武伊勢崎線ホーム、地下2階が千代田線ホームになっています。

JR山手線と接続する秋葉原駅。世界に名高い電気街もすぐ近くにあります。

 **Mini Column**

日比谷線の相互直通運転
日比谷線は1957年の建設計画時から東武鉄道・東急電鉄との相互直通運転が決まっていました。1962年の北千住への延伸によって東武伊勢崎線と、1964年の中目黒への延伸によって東急東横線との直通運転が始まりました。しかし、東急東横線に関しては、2013年に副都心線と東急東横線の直通運転が始まると、東急東横線の線路容量の関係で日比谷線との直通運転は終了となり、日比谷線の全列車が中目黒駅で折り返すことになりました。

第4章 駅のしくみと特徴

都心を東西に横断する路線
東西線の駅

JRと接続する高田馬場・飯田橋

　高田馬場駅は**JR山手線・西武新宿線と接続**し、東京メトロの他線との接続が多い大手町駅を除いて、**1日当たりの平均乗降人員数が東西線で最も多い**駅（19万6613人・2016年度）です。当駅付近において、JR山手線・西武新宿線が南北方向に延びて互いのホームが並行しているのに対し、東西線は東西方向に延び、ホームはJR・西武の駅の東側に位置し、中野寄りの出入り口で連絡します。乗り換えでは隣り合うJR〜西武より距離があり、さらに地上〜地下の移動がありますが、東西線は都心の大手町に直通することから、乗換客で朝ラッシュ時は混雑します。

　飯田橋駅は大手町駅ほどではありませんが、**有楽町線・南北線、JR中央線、都営地下鉄大江戸線**と、接続路線が多い駅です。千代田区と新宿区の区界がこの付近にあり、**東西線の駅は千代田区、有楽町線・南北線の駅は新宿区**に立地します。

東側は高架線の駅が続く

　東西線は1967年までは**東陽町駅**が東の終点でした。西船橋駅まで全通したのは1969年のことです。東陽町駅のホームは相対式2面2線ですが、東陽町〜南砂町間に東西線の車両基地である**深川検車区への分岐線**があります。朝方の東陽町駅発、深夜帯の東陽町駅着列車は、深川検車区への出入庫を兼ねています。また、前述しましたが、東陽町〜西船橋間では東京メトロでは珍しい**快速運転**が行なわれています。快速列車は途中、浦安駅のみ停車し、同区間を約15分（各駅停車は約25分）で結びます。

　葛西駅に隣接する**地下鉄博物館**は、高架下を利用しており、「地下鉄博物館前」の副名称も付けられています。

POINT
他社線への直通運転

東西線の列車は中野駅でJR中央線、西船橋駅でJR総武線・東葉高速鉄道に乗り入れます。中野駅から中央線に直通する列車は日中1時間に片道12本中4本、西船橋駅から総武線へは津田沼駅まで平日の朝夕ラッシュ時のみの設定で、日中は東葉高速鉄道へ1時間に同12本中4本となります。

豆知識
私鉄の鉄道博物館

東京メトロのように、私鉄が所有する鉄道の企業博物館はほかにもあります。最寄り駅と施設名は以下の通り。
・東武鉄道伊勢崎線東向島駅「東武博物館」
・京王電鉄動物園線多摩動物公園駅「京王れーるランド」
・東急電鉄田園都市線宮崎台駅「電車とバスの博物館」
・南海電鉄南海本線みさき公園駅「わくわく電車ランド」

高田馬場駅の立体構内図

地上をJR山手線と西武新宿線が走り、東西線は地下2階にホームがあります。中野寄りの出入り口で連絡しています。

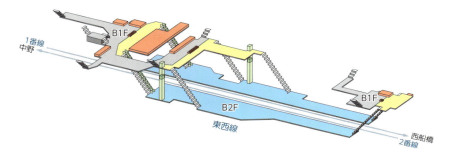

東陽町～南砂町間の配線図

東陽町と南砂町間には深川検車区への分岐線があります。深川車両基地には、車両工場の深川工場があります。

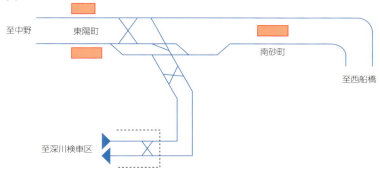

第4章 駅のしくみと特徴

 Mini Column

地下鉄の駅に太陽光発電施設

東京メトロは東西線地上駅にメガソーラー規模の太陽光発電システムを導入する「東西線ソーラー発電所」計画を展開し、ホームの屋根などに太陽光発電パネルの設置を進めてきました。2015年3月に西船橋駅で太陽光発電システムが稼働したことにより、東西線地上駅8駅の合計最大出力が1メガWとなり、同計画が完成しました。全8駅で年間発電力量は約109万kWhとなり、これは東西線南砂町～西船橋間で消費する付帯用電力の約12％に相当し、年間508tのCO_2排出削減につながります。太陽光発電システムは東西線のほか、日比谷線南千住駅、千代田線北綾瀬駅でも実施されています。

103

下町やビジネス街・ファッションタウンを走る
千代田線の駅

車両基地への出入庫線に駅を設置

　千代田線には丸ノ内線と同様に支線があります。しかし、途中で分岐せずに、末端の**綾瀬～北綾瀬の1駅間が支線**で、本線とは1本の線路で結ばれています。支線は高架線で、専用の列車が往復しています。**北綾瀬駅**はホーム1面のみ設けられた簡素な駅です。線路は北側の綾瀬検車区に続いています。**綾瀬駅**はJR常磐線との接続駅で、島式2面が中線（2・3番線）を挟んだ3線構造で、1・2番線で代々木上原方面、3・4番線で常磐線取手方面の列車が発着します。支線の列車は1番線の亀有寄りに設けられた**切り欠きホーム**を使用し、本線とは接続していません。中線は主に綾瀬駅折り返し列車が使用します。

　また、北千住～綾瀬間はJRとの**二重戸籍**になっていますが、綾瀬駅の駅名標、サイン表示は東京メトロの様式が採用されています。

💡 POINT
上下2層ホームの駅
千代田線町屋～根津間は地下鉄建設に際して敷地が狭かったことから、ホームは上下2層構造になっています。これらの駅は共通して、きっぷ売場などのコンコースが地下1階、代々木上原方面の1番線が地下2階、綾瀬方面の2番線が地下3階に位置し、エレベーター・エスカレーターが整備されています。

高架の北綾瀬。綾瀬車両基地への出入庫線に駅が設けられました。

JR・都営地下鉄とも接続する駅

　新御茶ノ水駅にはJR中央線御茶ノ水駅の聖橋口の正面に出られるB1番出入り口があります。新御茶ノ水駅は**丸ノ内線淡路町駅、都営地下鉄新宿線小川町駅とは乗換駅**になっており、代々木上原寄りの改札口を通って地下道を経由して乗り継げます。地形の関係で綾瀬寄りは深く、改札階と長さ41mのエスカレーターで結ばれています。ホームの壁面には「睦月」などの月の和名と、二十四節気のモザイク壁画があしらわれています。

　明治神宮前〈原宿〉駅は駅名の通り明治神宮の最寄り駅で、JR山手線**原宿駅と接続**します。駅名は異なりますが、代々木上原寄りの2番出入り口が原宿駅の前につながっています。そのため2010年3月以降、駅名に〈原宿〉と併記されるようになりました。また、明治神宮前駅は副都心線とも綾瀬寄りの階段で接続しています。千代田線ホームは地下3階、副都心線ホームは地下5階に位置します。

用語解説
切り欠きホーム
ホームの先端を削って、行き止まりの線路を設けたもの。新設せず線路の数を増やす利点がありますが、ホームの有効長が短く、短編成の列車しか停車できないこと、乗り換えの際に歩く距離が生じるなどの欠点もあります。

豆知識
根津駅のメトロ文庫
構内の待合所の一角などに、貸本を備えている駅をよく見かけます。根津駅もそうした駅のひとつで、改札口脇に「根津メトロ文庫」と名付けられた無料の貸本コーナーがあります。特徴は、本棚が千代田線の6000系電車を模したものだということ。根津駅の名物になっています。

綾瀬駅の構内配線図

綾瀬駅はJR常磐線との接続駅。中線は折り返し列車が使用します。

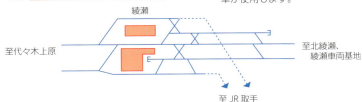

JR原宿駅の正面に位置する明治神宮前〈原宿〉駅の2番出入り口。

ホームの2層構造が続く
有楽町線の駅

唯一、埼玉県に所在する和光市駅

　和光市駅は**東武東上線との接続駅**で、東京メトロの駅の中では唯一、埼玉県に所在します。高架ホームの駅舎には東京メトロと東武鉄道の両社のマークが掲出されていますが、**東武鉄道の管轄委託駅**になっており、駅名標には東武の様式が用いられています。ホームは島式2面4線で、**内側の2線は有楽町線・副都心線、外側の2線は東武東上線の列車**が使用します。和光市駅折り返しの列車は2番線に停車し、一度、朝霞方面に引き上げてから改めて3番線に停車します。

　千川駅・要町駅は島式1面2線ホームが**2層構造**で設計され、**地下2階が有楽町線、地下3階が副都心線**で使用されています。**池袋駅**は有楽町線が地下2階、副都心線が地下4階にありますが、ホームの位置は副都心線が西側に離れており、乗り換えには通路を経由する必要があります。

始発駅と終着駅は地上へ

　線名の由来となった**有楽町駅**は、日比谷線・千代田線・都営地下鉄三田線の**日比谷駅と改札外の地下通路で連絡**しています。また、新富町寄りのD8・D9番出入り口と、**銀座一丁目駅**の1・2番出入り口はそれぞれ約100mしか離れていませんが、間にショッピングモール「銀座インズ」があり、一度地上に出なければ行き来できません。

　その銀座一丁目駅ですが、ホームは地下3階が新富町方面、地下4階が和光市方面の電車が使う上下2層構造になっています。有楽町線の列車は、終点の**新木場駅**の手前で地上に出ます。新木場駅は高架の島式1面2線ホームで、3階部分に改札口、コンコースがあります。この3階に**JR京葉線、東京臨海高速鉄道の改札口**があり、乗り換えはスムーズに行なえます。

POINT
都電と接続する駅

超高層ビル「サンシャイン60」を擁するサンシャインシティの最寄りである東池袋駅は、都電荒川線東池袋四丁目電停の目の前でもあります。駅前からは超高層ビルと路面電車という、「東京の新旧」を一度に見ることができます。

豆知識
民営化に伴い改名された駅

地下鉄成増駅・地下鉄赤坂駅は1983年の開業時、「営団成増」「営団赤坂」と称していました。ところが営団地下鉄が2004年に民営化され、東京メトロに継承されると「営団」の冠がそぐわなくなったため、新たに「地下鉄」の冠が付けられました。

東京メトロと東武鉄道の接続駅である和光市駅。東武鉄道が管轄し、駅名標には東武の様式が採用されています。

和光市駅のホームに設置されているホームドア。近年、安全対策のために設置されるところが増えています。

新木場駅には東京メトロ・JR・東京臨海高速鉄道3社のマークが掲げられています。

第4章 駅のしくみと特徴

107

東武・東急両線からアプローチできる駅
半蔵門線の駅

銀座線との乗換駅が多い

半蔵門線は渋谷～永田町間で**銀座線渋谷～赤坂見附間と並行**しています。このため**渋谷・表参道・青山一丁目**の各駅と、**赤坂見附・永田町**の両駅は半蔵門線と銀座線への乗り換えが可能です。

また、半蔵門線は後から建設されたこともあり、既存線との接続を便利に行なえるような位置に駅が設けられています。それは、半蔵門線の各駅のほとんどが他線との乗換駅であることからもうかがえます。半蔵門線の単独駅は**半蔵門駅**と**水天宮駅**のみです。

九段下駅は東西線及び都営地下鉄新宿線との接続駅ですが、地下4階の半蔵門線押上方面の4番線と、都営新宿線新宿方面の5番線が同一ホームの両側に位置しています。以前は両線の間に壁があり、一度地下3階に上がって改札を経由しなければなりませんでしたが、**2013年3月16日に壁が撤去**され、同一平面上での乗り換えが可能になりました。

見上げればスカイツリー

水天宮前駅は半蔵門線で2駅しかない単独駅の1つですが、成田空港・羽田空港へ向かうリムジンバスのターミナルである**東京シティエアターミナル**（TCAT）の最寄り駅で、「東京シティエアターミナル前」の副駅名を持ちます。TCATに直結する出入り口と改札階の間には、海外旅行客が携帯する大きな荷物にも対応できるよう、**東京都内の地下鉄の駅で初めて「動く歩道」が整備**されました。

終点の**押上〈スカイツリー前〉駅**は**東武伊勢崎線・日光線**との接続駅です。また、**京成電鉄押上線、都営地下鉄浅草線、相互直通運転を実施している両線の接続駅**でもあります。地上への出入り口は東京スカイツリーの近くです。

POINT
赤坂見附駅から永田町駅間の乗り換え

赤坂見附駅と永田町駅は、駅名は異なりますが一つの駅です。赤坂見附駅の銀座線・丸ノ内線ホームから永田町駅の半蔵門線ホームへは、階段・エスカレーターを上り下りして約5分の乗換時間を要します。有楽町線ホームまでは半蔵門線ホームを端から端まで縦断することになるので、さらに5分かかります。

用語解説
シティエアターミナル

航空会社の搭乗手続きカウンターを備えた市中にあるバスターミナルのことです。東京シティ・エア・ターミナルのほかに東京近郊には横浜シティ・エア・ターミナル（YCAT）がありますが、いずれも搭乗手続きカウンターは営業を終了し、リムジンバスの乗り場になっています。

単独駅

ほかの路線との接続がない駅を指します。東京メトロの路線はJR山手線内で複雑に入り組み、新規路線ほど先行路線との接続を図るため、乗換駅を設ける傾向があります。その反面、単独駅は少なくなります。

半蔵門線から都営新宿線を、同一ホーム上で乗り換えることができる九段下駅。

都営新宿線との接続駅は3つ

半蔵門線と都営地下鉄新宿線は九段下～神保町間でほぼ並行し、九段下駅と神保町駅は両線の接続駅です。両線は神保町駅の東側で離れますが、住吉駅で再び接続します。両線を神保町～住吉間で比較すると、営業キロは半蔵門線が7.3km、都営新宿線が5.6kmと、都営新宿線の方が短く、運賃は半蔵門線が200円、都営新宿線が220円と差が生じています。

渋谷～赤坂見附・永田町の路線図

半蔵門線と銀座線は、渋谷～永田町(赤坂見附)間を並行に走っています。

赤坂見附～永田町の構内図

駅名は異なりますが地下で一つの駅になっています。半蔵門線、南北線、有楽町線、銀座線、丸ノ内線の乗り換えが可能です。

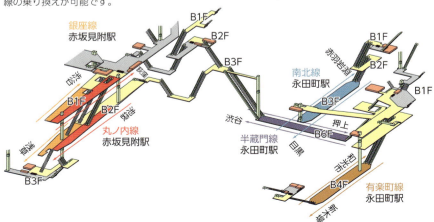

南北線の駅

都心を南北に縦断する路線

都営地下鉄と共用する駅

　南北線は目黒〜白金高輪間を都営地下鉄三田線と共用しています。**白金高輪駅**は島式2面4線ホームを有し、**南北線が内側、都営三田線が外側**を使用しています。赤羽岩淵方面からの列車は日中に片道10本が設定されています。このうち4本が白金高輪駅折り返しで、6本が目黒駅から東急目黒線に直通します。

　六本木一丁目駅は繁華街の六本木の北東端に位置する単独駅です。**日比谷線神谷町駅・六本木駅、南北線溜池山王駅との距離はそれぞれ1km未満**で、駅は商業&オフィス複合ビル「泉ガーデン」の下にあり、改札口が直結しています。アークヒルズに近い3番出入り口はトラス構造で柱を組んだガラス張りになっています。

POINT
目黒〜白金高輪間の運賃は

目黒〜白金高輪間は東京メトロが第一種鉄道事業者、東京都交通局が第二種鉄道事業者となり、都営地下鉄三田線と共用しています。運賃は目黒〜白金高輪間のみ利用の場合、利用者にとって有利な扱いをする特定区間となっており、現状では東京メトロの運賃が適用されます。

用語解説
トラス構造

接点といわれる結合部をピンなどで固定した三角形で構成される骨組み構造のことです。橋やタワーなどの建造物、自動車やバイクのフレームなどに使用されます。

南北線と東急目黒線の境界駅である目黒駅。JRの駅とは道路1本隔てられているが地下通路でつながっています。

東京メトロで最も乗降人員が少ない駅

用語解説

乗降人員数
東京メトロは乗車する人と降車する人をそれぞれ1人ずつと計算し、「乗降人員」として計上しています。この数字は東京メトロのホームページだけでなく、地方自治体のホームページでも閲覧できます。

　東京大学の最寄り駅は丸ノ内線本郷三丁目駅がよく知られていますが、南北線には東大を冠した**東大前駅**があります。本郷三丁目駅は東大キャンパスの南側、東大前駅は農学部校舎が近いキャンパスの北側に位置します。付近は東大のほかに、文京学院大学、日本医科大学が立地する文教地区です。改札階と地上を結ぶエスカレーターは構内の両端にありますが、エレベーターは中央付近にあります。

　西ケ原駅はJRに接続する駒込駅と王子駅の間にある単独駅ですが、駅前に国立印刷局滝野川工場が立地し、周辺は閑静な住宅街です。また、**東京メトロで1日平均乗降人員が最も少ない駅**でもあります。これは、北東約600mの地点に、上野駅を通るJR京浜東北線上中里駅があるのが原因の1つと考えられます。

ガラス張りのデザインの出入り口が特徴的な六本木一丁目駅。

Mini Column

23区内で完全な形で残る一里塚

西ケ原駅のそばに、江戸時代から残る西ケ原一里塚があります。これは日光御成街道上に築かれたもので、日本橋から二里目に当たります。東京23区内で完全な形で残る一里塚はこれだけで、1922年に国の史跡に指定されました。

※一里塚…江戸時代、主要街道の一里（約4km）ごとに築かれた塚のこと。エノキやマツが植えられ、距離の目安とされた。

第4章　駅のしくみと特徴

ほぼ明治通り沿いに位置する
副都心線の駅

都電と接続する雑司が谷駅

　東京メトロにはJRをはじめ、ほかの路線の鉄道と接続する駅が数多くあります。副都心線の**雑司が谷駅**もその1つです。JRやほかの地下鉄とは接続していませんが、地上に出ると**都電荒川線鬼子母神前電停が目の前**にあります。

　また、改札階から目白通り（都道8号線）に面した3番出入り口までは距離があるため、「動く歩道」が設けられています。当駅は副都心線の中で1日当たりの乗降人員数が最も少ない駅です。なお、副都心線の駅と同じ名前の**都電荒川線雑司ヶ谷電停は、鬼子母神前電停の隣の電停で、三ノ輪電停寄り**に位置します。

　東新宿駅は、都営地下鉄大江戸線と接続する駅です。2000年に都営大江戸線の駅が、2008年に副都心線の駅が開業したため、**大江戸線ホームが地下2階にあるのに対し、副都心線ホームは渋谷方面が地下5階、和光市方面が地下6階**にあります。島式1面2線ホームが2層構造になっており、同駅で**急行列車など速達列車の追い抜き**が行なわれています。

　新宿三丁目駅は**副都心線・丸ノ内線・都営地下鉄新宿線の接続駅**です。ホームは丸ノ内線が地下2階、副都心線が地下3階に位置し、副都心線の和光市寄りと丸ノ内線の池袋寄りで改札内乗り換えが可能です。副都心線は島式1面2線ホームですが、渋谷方面からの同駅止まりの列車が設定されています。

　渋谷駅は**東急東横線との接続駅**です。副都心線の駅としては2008年6月に開業しました。そのときの東急東横線の駅は地上3階にある銀座線ホームに近い地上2階に頭端式ホームを有していましたが、2013年3月に地下5階の副都心線ホームに移り、相互直通運転が始まりました。

　駅の設計は建築家の**安藤忠雄**氏で、駅全体が「地宙船（地中の宇宙船）」をテーマにデザインされています。

POINT
速達列車が走る地下鉄線
都市内の通勤路線である地下鉄は、各駅停車が基本です。しかし、中には途中駅を停車しない速達列車を設定している路線もあります。東京メトロでは東西線・副都心線が、都営地下鉄では浅草線・新宿線がそれに当たります。

用語解説
安藤忠雄
1941年、大阪府生まれの建築家。1979年に日本建築学会賞、1989年にフランス建築アカデミー賞、1993年に日本芸術院賞、1996年に高松宮殿下記念世界文化賞、国際教会建築賞などを受賞。鉄道関係では、渋谷駅のほかJR中央線竜王駅、東急電鉄大井町線上野毛駅などを設計しています。

雑司が谷駅は都電鬼子母神前電停との接続駅。

3線が結合する新宿三丁目駅。

東新宿駅の構内図

東新宿駅は都営地下鉄大江戸線と接続しています。副都心線のホームは地下5階(渋谷方面)と地下6階(和光市方面)。

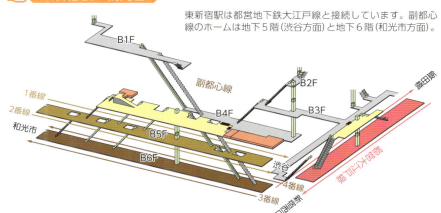

第4章　駅のしくみと特徴

113

第5章
東京メトロの歴史

池袋・新宿ターミナルは仮駅で開業
丸ノ内線の幻のホーム

1959年当時に建設された新宿仮駅跡。丸い支柱の部分がホーム跡となっており、写真中央には当時の階段が眠っています。

今も残る池袋仮駅

　丸ノ内線の池袋駅と新宿駅は、工事に起因する理由から**仮駅として開業**しました。現在の本駅が完成した後は、ホームの位置が変わり、不要な仮駅部分は役目を終えました。しかし**今も痕跡を残し、幻のホームが眠っています**。

　池袋仮駅（駅名は池袋）は、1954年1月に開業した池袋～御茶ノ水間に設けられたものです。現在の場所にホームが設けられる予定でしたが、国鉄が地下通路建設の**池袋駅改良工事計画**を発表し、内容が決まらなかったため、やむを得ず**新大塚側に仮駅**を設置して開業させました。工事が決まったのは1958年で、完成する1960年11月に晴れて現在のホームに移転。仮駅の**4両編成停車可能だった相対式ホーム**は、後に事務室などが建てられました。今もホームの跡が残り、現在のホームからもそれを見ることができます。

用語解説
池袋駅改良工事計画
国鉄、営団地下鉄、西武鉄道、東武鉄道で協議が行なわれ、西口と東口を結ぶ地下中央通路を設け、各線が総合的に連絡できるように配慮されました。

POINT
優雅に開業した池袋仮駅
仮駅は西武百貨店に接続していたため、見劣りしないように高級な床材が使用されました。また、出入り口の意匠も工夫され「マーキュリー像」を置くなど美観にも配慮され、仮駅ながら優雅な駅として開業しました。現在の新大塚側の改札口付近が当時の通路です。

路線同士を結ぶ連絡線

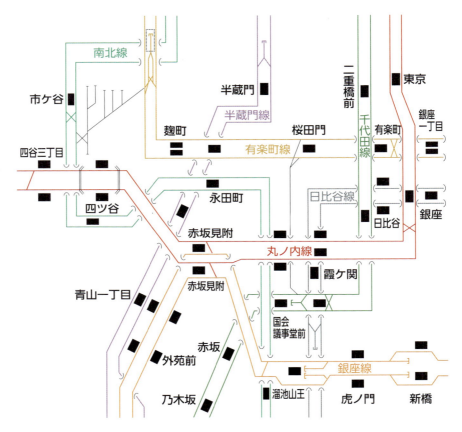

赤坂見附駅の近くには丸ノ内線と銀座線をつなぐ連絡線があります。また、千代田線と有楽町線をつなぐ霞ケ関～桜田門連絡線、南北線と有楽町線をつなぐ市ケ谷連絡線もあります。

 Mini Column

有楽町線と副都心線をつなぐ連絡線
左ページでは工場への回送列車が通過する連絡線を紹介しましたが、東京メトロでは営業列車が頻繁に通行する連絡線があります。小竹向原～池袋間では有楽町線と副都心線が別線になっていますが、和光市～小竹向原間では同じ線路を使用します。このため、小竹向原～千川間での平面交差を避けるため、新木場・渋谷方面の下り線は2013年2月に、和光市方面の上り線は2016年2月に連絡線が設けられ、ダイヤが乱れたときに列車が集中して遅延が拡大することが軽減されるようになりました。

路線図にない秘密の線路
回送のための連絡線

銀座線と丸ノ内線をつなぐ連絡線

　東京メトロの車両基地のうち、検車区は当該路線の沿線にありますが、工場は4カ所しかなく、沿線から遠く離れている場合もあります。そうした路線の車両を工場へ回送するための、**路線同士を結ぶ連絡線**がありますが、路線図には載っていません。

　第三軌条方式の銀座線の車両は、同じ第三軌条の丸ノ内線中野富士見町駅最寄りの中野車両工場へ回送されます。その際に使用されるのは**赤坂見附連絡線**です。赤坂見附駅の国会議事堂前駅・溜池山王駅側に**銀座線から丸ノ内線への連絡線**があります。

　銀座線の車両は丸ノ内線に入線しますが、逆はありません。それは丸ノ内線の車両限界が銀座線より広く、02系が銀座線に入線することができないためです。

特急列車が走った連絡線も

　有楽町線は綾瀬車両工場で全般・重要部検査を受けます。その**有楽町線の車両を千代田線に回送**するために設けられたのが、**霞ケ関〜桜田門連絡線**です。桜田門駅の和光市側から国会議事堂の前庭のほぼ直下をカーブしながら、霞ケ関駅の代々木上原側につながっています。路線長は578mで、途中に半径167mの急カーブもあります。かつて、千代田線から小田急60000形MSEを使用した**特急「ベイリゾート」**がこの連絡線を経由して新木場駅まで運行されました。

　市ケ谷駅付近には**南北線と有楽町線の間に留置線**があります。南北線の車両も綾瀬車両工場で検査が行なわれ、回送の際はこの留置線を含めた**市ケ谷連絡線**を経由し、さらに霞ケ関〜桜田門連絡線を通過します。その際、市ケ谷連絡線で方向転換して有楽町線に入り、さらに桜田門駅で3回目の方向転換をします。

POINT
銀座線と丸ノ内線の車両限界
車両限界とは車体断面の大きさの限界範囲のことです。01系・1000系の最大車体幅は2550mm、02系は同2830mmで、車体長もそれぞれ16mと18mと異なります。

用語解説
連絡線
鉄道において、路線と路線を連絡する線を連絡線と称します。

豆知識
特急「ベイリゾート」
小田急沿線からお台場、東京ディズニーリゾートへの観光客向けの特急列車で、小田急60000形が運行を始めた2008年に登場しました。土曜休日を中心に年間30日程度運行されましたが、2011年9月以降は設定されていません。

東京の地下を縦横無尽に走り、歴史を持つ東京メトロですが、最新の技術も多く取り入れられて、進化を遂げています。一方で、歴史をひもとくと、幻の駅や路線が存在していることが分かります。地下鉄博物館には、これまでの歴史が分かる展示だけでなく、運転シミュレーターも設けられているなど、あなたの知らない東京メトロがあります。

1927年、東洋で初めてとなる地下鉄が上野〜浅草間で開業しました。第2次世界大戦による被害も受けましたが、その後の復興計画によって、東京の地下鉄路線の骨格ができあがります。2004年には、営団地下鉄は民営化され、現在の東京地下鉄（東京メトロ）が発足したのです。

苦心の末に創設された東京地下鉄道
東洋初の地下鉄が開業

発達していたロンドンの地下鉄

　欧米では都市交通として地下鉄をいち早く各都市に建設していましたが、日本の地下鉄の始まりは昭和初期であり、先進国としては遅かったといえます。大正時代、首都**東京の都市交通は、路面電車が中心**でした。しかし、当時の流行歌「パイノパイノパイ」の歌詞にもなるほど混雑は著しく、**早急な改善が必要**でした。

　このころ、**鉄道院**などを経験した青年実業家で、後に**「地下鉄の父」**と呼ばれる早川徳次（P.132参照）は、「鉄道と港湾」調査のため訪れたロンドンで網の目のように発達した地下鉄に出会い衝撃を受けました。これからの都市交通を支えるのは地下鉄だと確信した早川は、日本の**地下鉄建設を生涯の使命**とする信念を抱き、以後、これに全力を注ぎます。当時はまだ地下鉄に対する理解がなく、反対者も多く苦心が続きましたが、ほぼ独力で地下鉄の事業化を進めました。

　そして、後に協力者を得た彼は、ついに**東京地下鉄道を設立**させました。

豆知識
地下鉄の始まり
世界初の地下鉄は、1863年開業の英国ロンドンのメトロポリタン鉄道、パディントン〜ファリンドン間約6kmが始まりで、当初は蒸気運転（SL）でした（1905年に電化）。後に地下鉄の意味にもなった「メトロ」とは、同鉄道名が語源です。

用語解説
鉄道院
国鉄（現・JR）の明治時代の呼称です。時代により、工部省、逓信（ていしん）省鉄道庁、鉄道作業局、鉄道省など、管轄する行政機関の変化で名称が異なりました。

モダンな駅員の制服は当時のオシャレの先端。若い女性の憧れの的でした。

 Mini Column

名車1000形
当時の鉄道車両は木造や半鋼製車が大半でしたが、火災の危険性から1000形は全鋼製でつくられました。また、内装は鉄板に桜、チーク、くるみの木目がプリントされ、照明はやわらかな光の間接照明でした。バネ式で使用しないときは跳ね上がる「リコ式吊り手」が並び、座席には良質な緑色のモヘアブラシが張られ、乗り心地が追求されるなど、優れた名車両でした。

すべてが斬新だった最初の地下鉄

　1927年12月30日、東京地下鉄道は、上野～浅草間2.2kmに**東洋で初めてとなる地下鉄を開業**させました。早川が築いた**東京地下鉄道はとても先進的**で、あざやかな**レモンイエロー**の車体の**1000形**車両は、**安全第一のため全鋼製**で**日本初のATS**、ドアエンジン（自動ドア）を装備。窓は立っている乗客が腰をかがめなくても駅名が見えるよう、上下に大きいものでした。駅員の**制服はブルーのイタリアンスタイルの七つボタン**、帽子は慶応型とモダンでハイセンス。駅の装飾にも歌舞伎役者の芸能紋が飾られ、壁などの色彩は各駅で変えられ、出入り口も凝ったつくりにするなど、**美観に配慮**されました。また、各駅に**ターンスタイルと呼ばれる自動改札機**も設けられました。これも日本初です。トンネルは関東大震災直後でもあり、地震に耐えられるように**鉄鋼框**（てっこうかまち）を組んだ入念な設計で工事が施されるなど、どれもが**斬新で創意工夫**されていました。

　開業当日は大盛況で、早朝から多くの乗客が押し寄せ、地下鉄に乗ろうとする客が上野駅から上野広小路まで列をなしました。どの列車も超満員で、1日で10万人が利用したそうです。このように、日本で初めての地下鉄は**順風満帆なスタート**を切りました。

🟢 豆知識

日本初の ATS
打子式と呼ばれるアームを用いた機械式のシステムで、銀座線が新CS-ATC化される1993年まで、丸ノ内線では1998年まで長らく使用されました。

近代化産業遺産
経済産業省が地域活性化に役立つものとして認定したもの。今も現役で使われている銀座線浅草～渋谷間と、昭和14年に9カ月だけ使用された旧東京高速鉄道新橋駅（幻の新橋駅）、日本初の地下鉄車両1000形（1001号車）などが認定されました。

📖 用語解説

ターンスタイル
ニューヨーク地下鉄で使用されていたもので、10銭白銅貨を投入して、回転腕木を回します。均一運賃廃止の1931年9月まで活躍しました。

東京地下鉄開通記念絵葉書。

第5章　東京メトロの歴史

雨の日でも濡れずに買い物ができる
デパートと手を組み路線延伸

三越からタイアップの依頼

　東京地下鉄道は、上野駅から新橋駅への延伸を目指し工事を行なっていましたが、**高額な建設資金**の調達に苦慮していました。そんな折、デパートの**三越**から「店の下に駅を設けて欲しい。**建設費は全額負担**する」という旨の**タイアップの打診**がありました。三越は「**雨の日でも濡れずに直接来店**でき、お客様が増える」と見込んだのです。地下鉄側はこれを快諾。駅名はそのまま**三越前**とし、1932年4月に開業しました。三越への通路は**豪華なイタリア産の大理石**で施され、**日本で初めての駅エスカレーター**をホームに設け、後に壁面のタイルは三越を象徴する**3本線**で飾られました。効果は絶大で、乗客にも好評。地下鉄側も**資金難を克服**できて、一石二鳥となりました。

次々に誕生するデパート駅

　デパートとのタイアップは、ほかに**松坂屋**からもあり、こちらは建設費を半額負担の契約。急遽、上野～末広町間に、松坂屋直下の**上野広小路駅**が設けられました。タイアップはさらに、**日本橋駅で白木屋**（後の東急百貨店、現・コレド日本橋）、**高島屋**、**京橋駅で明治屋**、**銀座駅で松屋、三越**と行なわれ、**建設費が負担**されました。銀座線の**駅の出口がデパートと直結**して便利なのはこのためです。当時の契約から、**現在も車内放送で**駅名の後に「松坂屋前」（上野広小路駅）、「明治屋前」（京橋駅）など、**店名が案内**されます。
　一方、東京地下鉄道も、浅草駅に**地下鉄直営食堂**を開業させ、「良い品を安く売る」がモットーの**地下鉄ストア**（P.156参照）も上野駅構内を始め、神田、銀座駅などに展開。また、**10銭均一の「地下道市場」**を神田駅に設けるなど、今日の**地下街のはしり**ともいえるものを設けました。

POINT
東京地下鉄道の路線計画
当面は新橋全通を目標に建設されましたが、さらに品川への延伸、また京浜電鉄（現・京急電鉄品川～日ノ出町間）に乗り入れる直通運転も計画されていました。

豆知識
三越前駅の建設費
費用は46万円で、これは現在の数十億円に相当します。タイアップにより東京地下鉄道が大きく助けられたことがうかがい知れます。

幻の万世橋仮停留場
延伸工事は神田駅を目指しましたが、神田川を越える難工事となるので万世橋仮停留場を1930年1月に開業させました。川底に向けた25％の勾配上に2両分の水平ホームが仮設されましたが、1931年11月の神田駅への延伸により、2年弱の短命に終わりました。現在も痕跡を残しています。

用語解説
地下鉄直営食堂
地上7階、地下1階建ての「雷門ビル」を建設し、安くて美味しいレストランを開業。調理人が腕をふるい人気を集め、尖塔のあるビルは夜間に色電球が点滅し、浅草のシンボルにもなりました。

開業当時の立体的で優雅なアーチ天井、支柱のアールデコ装飾が残る三越前駅の三越側改札付近。

現在も三越を象徴した3本線が駅ホームの壁面に描かれています。

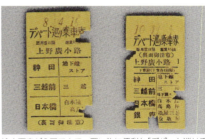

途中下車が3回できて、買い物に便利な「デパート巡り乗車券」も発売されました。

デパート直絡図。自社食堂やストアも含め、大半の駅がビルと直結しています。

 Mini Column

リニューアルされる三越前駅

銀座線は2017年の開業90周年を契機に全駅のリニューアルを行なっていますが、三越前駅は「着物の街」をデザインコンセプトに、江戸時代の呉服店から発展し、いまも老舗百貨店の伝統的で重厚感ある街の要素をモチーフとしたデザインが駅全体に取り入れられます。ホームは柱に仕込まれた着物の生地がライトアップされ、改札口付近は開業時からの装飾が活かされるなど、より華やかな駅に生まれ変わります。

第5章　東京メトロの歴史

東京地下鉄道 vs 東京高速鉄道
新橋駅を境に起こる攻防

東京高速鉄道の創設

　1934年6月、東京地下鉄道はついに**新橋駅までの全通**を果たしました。**祝賀会が大々的に行なわれ**、乗客にはキャラメルや花火などが入った**「お楽しみ袋」**がお土産に配られました。

　そんなお祝いムードの直後、**東京高速鉄道**という新たな地下鉄会社が設立されます。参画するのは、後の**東急電鉄**を築き、一時は今日の小田急電鉄、京王電鉄など関東私鉄を次々に買収し傘下に収め、「電鉄王」とその名をとどろかせた**五島慶太**です。

　東京高速鉄道は、東京地下鉄道を将来的に合併することを条件に、**渋谷〜東京間の渋谷線**、渋谷線に合流する**新宿〜築地間の新宿線**の建設を計画しました。しかし五島は得策とし、**新橋駅で東京地下鉄道に接続させ乗り入れ運転を行なう**ことを企てたのです。これに東京地下鉄道の早川は、東京高速鉄道の**虎ノ門経由を主張し、猛反対**しました。早川は**新橋〜品川間の路線延伸**の計画の夢を描いていたからです。

用語解説
五島慶太
1882年長野県生まれ。官僚を経て鉄道業界に入り、東急東横線の前身の武蔵野電気鉄道の経営権を獲得。以後、玉川電気鉄道など次々に私鉄を買収し、戦前はいわゆる「大東急」時代を確立させました。また、1944年には運輸通信大臣に就任するなど、非凡な才能を発揮しました。1959年没。

3両分で建設された虎ノ門駅。写真奥のコンクリート支柱部分は後年、営団地下鉄が苦心して延伸した名残です。

 Mini Column

実用主義だった東京高速鉄道
先進的な東京地下鉄道が将来を見越して約6両分のホームを建設したのに対し、実用主義の東京高速鉄道のホームは3両分で建設されました。そのため、後に大きなホーム延伸が必要になりました。東京高速鉄道の100形も簡素な車内でしたが、性能は東京地下鉄道の1000形よりモーター出力が高く、先行していた1000形を100形が追いかけたという逸話もあります。

東京地下鉄道・早川の敗北

　東京高速鉄道は1938年11月にまず**青山六丁目**(現・表参道)**～虎ノ門間**を開業させ、翌12月に**渋谷～青山六丁目間**が開業します。1939年1月に**新橋駅まで開業**させますが、早川は断固として**東京高速鉄道の乗り入れを許さず、意見は対立**しました。やむを得ず五島は現在の新橋駅の手前に、**壁を隔てて設けた別のホームにより開業**させました。いわゆる新橋駅の**幻のホーム**です。五島は乗り入れを強く迫りますが、早川は新橋～品川間にすでに**京浜地下鉄道**を設立し、**京浜電鉄**、さらにその先の**湘南電鉄**と連携して直通運転計画を強化させるなど、対抗しました。

　両者は一歩も譲らなかったのですが、不便なのは乗客です。**2つの新橋駅には連絡通路がなく**、乗り換えには階段で一旦、外に出る必要があったのです。8カ月後にようやく通路が完成。そして、争議を妥協させる話し合いが行なわれ、翌9月には**壁が撤去**され、ついに**東京高速鉄道からの乗り入れ運転が開始**しました。

　その後も対立は激しく続き、五島は京浜地下鉄道、東京地下鉄道の**株式の過半数を買収し、支配権を掌握**します。これにより事実上、早川は敗北しました。対立は当時の社会問題にもなり、最後は**鉄道省の仲介による調停**が行なわれました。

用語解説
湘南電鉄
現在の京急電鉄、日ノ出町～浦賀間。1941年11月に京浜電鉄に合併され、品川～浦賀間の直通運転を開始しました。

POINT
鉄道省が仲介の調停
調停は、早川、五島の経営からの引退。東京高速鉄道側の東京地下鉄道への経営参加という内容でした。五島は東京地下鉄道に多数の役員を送り込みました。五島が勝利したことに変わりなく、早川は東京地下鉄道を去って行きました。

現在は移設された渋谷駅。開業時はビルの3階から発車し、渋谷ユニオンステーションと呼ばれました。

第5章　東京メトロの歴史

営団地下鉄のスタート
帝都高速度交通営団の誕生

政府により営団地下鉄が発足

　2つの地下鉄による対立騒動の時代、世の中は**日中戦争**の開戦で戦時色も濃くなり、無計画に乱立していた交通機関を政府が統一させることになりました。1938年に施行された**「陸上事業交通調整法」**です。この法律に基づき、交通事業調整委員会が設けられ、さらに**地下鉄の一元化**が答申されました。これにより、1941年3月に**「帝都高速度交通営団法」が交付**され、**帝都高速度交通営団**（**営団**または**営団地下鉄**と呼ばれます）が誕生しました。

　営団地下鉄の発足により、東京地下鉄道、東京高速鉄道、京浜地下鉄道などは営団地下鉄に譲渡されました。営団地下鉄は、まず**地下鉄網整備**を図り、新宿～東京・池袋～東京間の緊急整備に取り組みますが、戦争の激化により1944年6月に工事は中断されました。この工事計画では、今では一般的なシールド工法が考えられており、後の営団地下鉄、東京メトロに見られる**先進性**がすでに表れています。

> **POINT**
> **帝都高速度交通営団**
> 国と地方公共団体、及び民間の出資による特殊法人です。政府、東京市及び、将来、地下鉄と連絡が予想される私鉄などが資本を負担して始まりました。

> **用語解説**
> **都市計画鉄道網**
> 1919年に無秩序な鉄道建設を規制するため、内務省により地下鉄を含む7路線が提案されました。戦後の戦災復興院の告示で計画は改定されました。

池袋駅の出口で見られるマーキュリー像。若者の頭に羽が付けられた躍動的なデザインです。

Mini Column

マーキュリー像
1951年、地下鉄のシンボルとして、彫刻家の笠置季男が「戦後の復興と伸びゆく若者の希望に燃えた感情を表現したい」として、若者の顔をモチーフに、デザイン。主な駅に飾られ利用客を和ませました。マーキュリーとはローマ神話の商業や旅人の神を意味します。銀座、日本橋、池袋、大手町駅などに現在も設けられています。

戦火を乗り越え明るい戦後へ

　戦局が悪化し、**本土空襲**の危険性が出てきたころ、営団地下鉄は空襲に備え、車両の車体色を**目立たないグリーンに塗り替える**などの対策を施しました。徴兵により男子職員が減り、1944年には営団地下鉄からの出征者は411名に達しました。これを補ったのが女子職員です。駅、さらに車掌、運転士にまで**女性が進出し大活躍**をしました。

　しかし、恐れていた本土空襲がついに始まり、1945年1月27日には**銀座・京橋駅が米軍機により攻撃**を受け、500kg爆弾が投下され、トンネル、水道鉄管を破壊される被害を受けました。空襲警報により列車は停止していたため、車両や人的被害がなかったのが幸いですが、しばらく区間運休が続きました。渋谷～浅草間の所要時間も32分から35分に、運転間隔も10分ごとになり、停車駅も間引きされた急行運転でした。終戦時に稼働できた車両保有数は、**全84両のうち、わずか24両**でした。

　戦後を迎えると、東京の**都市計画鉄道網**として第1～5号線の5路線101.6kmが計画され、ここで現在の東京の**地下鉄路線の骨格が形成**されます。資金難も乗り越え、新線工事の見通しもつき、希望が見えてきます。車両も新車の**1300形車両**が登場するなど、敗戦から立ち直り、明るい話題が増えていきます。

POINT
1300形
1949年から15両が新製されました。乗務員室が全室構造で、使用しない時は仕切りを折り畳むことで助士側を客室にできるようになっています。この仕様は、後の銀座線、丸ノ内線車両にも普及しました。1361号車以降は車体構造がリベット接合（びょう打ち）から全溶接になり、スマートな姿になりました。

銀座線1300形車両。

赤い地下鉄・丸ノ内線が走る
営団初の新線開業と路線拡充

期待の丸ノ内線が開業

　営団地下鉄は、戦後の1951年に**第4号線**の工事に着手し、1954年1月に**池袋〜御茶ノ水間を開業**させました。第4号線は、丸の内のビジネス街を通るので**丸ノ内線**と路線名が付けられ、**第3号線は銀座線と命名**されました。丸ノ内線には、サービス重視のため、当時の**最高水準の車両300形**（P.158参照）が30両導入され、赤い斬新な車体と相まって、大いに注目されました。その後、段階的に延伸を繰り返し、1959年3月には**新宿駅**まで開業しました。

　国会議事堂前駅付近のトンネルは**半円形断面**をしており、これは**ルーフ・シールド工法**によるものです。シールド工法は、国鉄の**関門トンネルの施工で前例**がありますが、**地下鉄での採用は丸ノ内線が初めて**です。**赤坂見附駅**では、東京高速鉄道時代に建設されていた2階建て構造が生かされ、銀座線と**同一ホームで乗り換え**ができるようになりました。

　また、営団地下鉄のシンボルにもなった**「S」マークの記章が制定**されました。「S」マークは駅出口や車両に飾られ、後に利用者に広く親しまれます。

都市交通の見直しを実施

　一方、東京圏の私鉄は都心への乗り入れを計画し、これらは、先の都市計画鉄道網、営団免許路線に考慮されたものではありませんでした。また、全国的な**都市交通への対処**が必要になったことから、**運輸省**（現・国土交通省）に**都市交通審議会**が設置されました。

　そして、まず東京の都市交通について審議が行なわれました。答申では、地下高速鉄道は都心から放射状に11本が必要とされ、銀座線・丸ノ内線以外は、私鉄、国鉄に接続させ、**相互直通運転**を図るなど、**現在路線の礎が築かれる大幅な見直し**が行なわれました。

豆知識

開業時から好調な丸ノ内線
1957年12月に西銀座駅（現・銀座駅）まで延伸すると、乗客数は当初の予想をはるかに上回りました。1954年度は1日平均5万人弱の乗客数でしたが、1958年度には約20万人と4倍になりました。これにより開業時の3両編成運転の6両化が検討され、短かった池袋〜御茶ノ水間のホーム延伸が行なわれました。

単線運転の霞ケ関駅開業
1958年10月に霞ケ関駅まで延伸されますが、西銀座〜霞ケ関間は単線で開業されました。当時は新造車が増加する一方、車両の収容場所が不足し、やむを得ず、同区間のトンネル内を留置線として車庫代わりに使用したのです。

用語解説

都市交通審議会
都市交通における交通に関する基本的な計画について調査、審議し、これに関して必要と認める事項を建議することを目的として、1955年7月に発足しました。後に運輸政策審議会、2001年1月からは国土交通省の交通政策審議会となりました。

営団の民営化と新時代の新線開業
営団地下鉄から東京メトロへ

新技術が投入された南北線

営団地下鉄が20世紀最後の年に全通させることになった路線が**第7号線（南北線）**です。南北線は1991年11月に**駒込～赤羽岩淵間を開業**。四ツ谷、溜池山王駅へと延伸を進め、2000年9月に**目黒駅に至り全線開業。東急目黒線、翌年から埼玉高速鉄道線と相互直通運転を開始**しています。

南北線は新世紀にふさわしい鉄道システムを追求し、**ATOによるワンマン運転**、全駅に**ホームドアを設置**するなど、**利便性**、**快適性の向上**が図られました。建設面でも全線がシールド工法で施工され、「**世界初**」「**世界最大**」など、多くの**新技術が投入**されました。

東京メトロの誕生

長らく首都圏の地下鉄の中枢を担ってきた営団地下鉄は、特殊法人の整理など、**行政改革により民営化**されることになり、2004年4月に**東京地下鉄（愛称＝東京メトロ）**が発足しました。民営化された東京メトロは、「**東京を走らせる力**」をグループ理念に、エキナカ商業施設の「**Echika**」などを展開。主要駅には「**サービスマネージャー**」を配置し、バリアフリー施設の充実、旅客案内サインの改善、英語の車内放送の実施、**フリーペーパーやガイド冊子類の充実など旅客サービスの大幅な向上**を図りました。

東京メトロ初の開業路線となった**第13号線（副都心線）**は営団地下鉄から建設が受け継がれ、2008年6月に**池袋～渋谷間が開業**しました。有楽町線新線を副都心線に編入させ、**東武東上線、西武有楽町・池袋線との相互直通運転が開始**され、さらに2013年3月からは**東急東横線、横浜高速鉄道みなとみらい線との相互直通運転**も行なわれ、「**便利な地下鉄**」として大きく発展を続けています。

豆知識

「世界初」「世界最大」の技術
白金台駅の建設では世界初となる「着脱式泥水三連型駅シールド工法」が採用されました。また、白金高輪～麻布十番間では3線を同時に掘削する大断面シールド工事を行ない、世界最大（当時）の「抱き込み式親子泥水シールド工法」が採用されました。

小田急ロマンスカーの直通運転
2008年3月からは千代田線に小田急電鉄の特急ロマンスカー（MSE60000形）が乗り入れました。副都心線に先立つ柔軟で便利な直通運転の開始となり、利用者に好評です。

用語解説

サービスマネージャー
東京に不慣れな、訪日外国人や日本各地からの乗客が安心して東京観光を楽しめるよう、駅構内や観光スポットの案内に特化した駅スタッフのことです。

POINT

フリーペーパーやガイド冊子類
毎月発行の「TOKYO METRO NEWS」を始め、東京メトロを安心利用できる取扱説明書「メトロのトリセツ」、駅出口や構内図、周辺マップなどを冊子化した「東京メトロナビ」、エレベーター、車いす対応エスカレーターなどの設置位置情報を冊子化した「バリアフリー便利帳」などが駅で配布されています。

混雑緩和で有楽町・半蔵門線を建設

　昭和40年代に入り、東京圏の発展は予想をはるかに上回り、**銀座・丸ノ内・日比谷線の輸送力は限界**に達していました。都市交通審議会ではこれを受け、新たな路線を含めた11路線の長期計画を策定し、営団地下鉄は**第8号線（有楽町線）**及び、新路線となる**第11号線（半蔵門線）**の建設に着手しました。

　まず1974年10月に、**有楽町線池袋～銀座一丁目間が開業**。同線はさらにシールド工法を多用し、山陽新幹線用に開発された**60キロレール**を採用するなど、**先端技術が惜しみなく導入**されました。1983年には営団成増（現・地下鉄成増）～池袋間も開業し、続いて西武有楽町線小竹向原～新桜台間の開業により**西武池袋線への乗り入れ**が始まりました。さらに1982年6月の営団成増～和光市間の開業により、**東武東上線との相互直通運転**を開始しました。

　半蔵門線は1978年8月に**渋谷～青山一丁目間を開業。東急新玉川線（現・田園都市線）と直通運転**を開始します。後に永田町、三越前、水天宮前駅まで延伸し、2003年3月には押上駅まで全線開業しました。**東武鉄道との相互直通運転**も開始され、東急田園都市線中央林間～東武日光線南栗橋間の**98.5kmに及ぶ、長距離の相互直通運転**が実現しました。

用語解説
60キロレール
1m当たりの重量が60kgのレールです。日本では最大級の規格で、乗り心地に優れ、レールの狂いが発生しにくいなどの利点があります。

POINT
東急電鉄との直通運転
開業時は二子玉川園（現・二子玉川）駅での折り返し運転でした。翌年8月から快速列車のみ長津田まで直通運転。さらに翌々年の1979年8月より、青山一丁目～つきみ野間で終日の直通運転が実施されました。当初、車両は東急車の8500系で運転していましたが、1981年4月の営団車両8000系デビューにより、晴れて相互直通運転を開始することになりました。

第5章　東京メトロの歴史

有楽町線の開通式の様子。

ラインカラーの採用
地下鉄網の整備により路線は増えて複雑化し、旅客案内のために路線ごとに色彩（ラインカラー）を分けることが1970年から採用されました。銀座線・オレンジ、丸ノ内線・レッド、日比谷線・シルバー、東西線・スカイブルー、千代田線・グリーン、有楽町線・ゴールド、半蔵門線・パープル、南北線・エメラルドグリーン、副都心線・ブラウンの各色が割り振られています。

129

地上部を走る丸ノ内線車両。

丸ノ内線国会議事堂前駅付近で採用されたルーフシールド工法。

試運転する300形車両。

第5章 東京メトロの歴史

営団地下鉄の「S」マーク

駅の出入り口や車両に飾られている「S」マークは、英語の地下鉄、サブウェイ(Subway)の頭文字を図案化。さらに、交通機関に大切な「安全(Safety)」と「正確(Security)」、そして「迅速(Speed)」の3Sを象徴したものです。後には「サービス(Service)」も加わり4Sとなりました。

乗り換えなしの便利な地下鉄へ
私鉄・国鉄との相互直通運転の開始

3社が協議し日比谷線が開業

　都市交通審議会の答申に基づき、営団地下鉄はまず、**第2号線（日比谷線）**の建設に着手しました。日比谷線の最大の特徴は、北千住駅で**東武伊勢崎線**、中目黒駅で**東急東横線**に乗り入れることによる、**相互直通運転の実現**です。日比谷線は1961年3月に南千住～仲御徒町間を部分開業。1964年8月には**中目黒～北千住間の全線で開業**し、東武鉄道、東急電鉄2社と営団地下鉄による相互直通運転が始まりました。**乗り換えの煩わしさが解消され、利便性が大きく向上**しました。

　相互直通運転をするためには、乗り入れる各会社で、車両の大きさなど規格を統一させるなど、**路線規格の調整**が行なわれました。日比谷線には、**セミステンレス車体の最新鋭の3000系車両**が投入され、保安装置には新たに開発された**ATCが初めて導入**されました。また、試験的にATOも採用されました。

国鉄と連絡する東西線も開業

　営団地下鉄が引き続き着手した路線は**第5号線（東西線）**です。当時、国鉄は**中央線の中野以西の複々線化**、以東のさらなる**線増**を考えていましたが、都心部の用地取得が困難で、中野駅からの東西線の乗り入れによる、実質的な**線増効果に期待**をしていました。

　東西線は1964年12月の**高田馬場～九段下間の開業**を皮切りに、1966年3月に中野～高田馬場間、九段下～竹橋間が相次いで開業し、荻窪まで複々線化された**中央線に営団地下鉄の車両が乗り入れ**ました。同年10月には大手町まで延伸開業し、**国鉄との相互直通運転**が行なわれるようになり、丸ノ内線とも接続し、とても便利な路線となりました。さらに1969年3月には**中野～西船橋間で全線開業。三鷹～中野～西船橋～津田沼間の相互直通運転が開始**されました。

用語解説
セミステンレス車体
車体外板のみステンレス製で、内側の構造は普通の鋼製車体のことです。

POINT
相互乗り入れ規定
営団地下鉄、東武鉄道、東急電鉄の3社で、軌間1067mm、直流1500V、架空線式などの規定が定められました。これらは従来の銀座・丸ノ内線とは異なる方式でした。

用語解説
線増効果
複々線のように、上下の線路を1組増やせば、単純計算で輸送量は2倍相当になります。

豆知識
東西線の車両
1964年に5000系が新製されました。性能は日比谷線の3000系を踏襲していますが、性能はさらに高められました。また、国鉄規格に合わせられ、車体は20mの4扉で、路線識別のためにスカイブルーの帯が配されました。1966年製の2次車以降は、その後の車両の標準となるアルミニウム合金製の車体で製造が行なわれました。

次々に建設される新路線
地下鉄網の再整備・拡充が進む

最新技術を生かした千代田線

　東西線が建設される昭和30年代後半は、**高度経済成長による交通渋滞、通勤ラッシュが激しさを増しました**。これに対応するため都市交通審議会は、先に答申した計画5路線を10路線に変更し、**第9号線（千代田線）**が着工されました。

　1969年12月に**北千住～大手町間を開業**。1971年4月には綾瀬～北千住間を延伸開業させ、**国鉄常磐緩行線と相互直通運転**が行なわれました。後の1978年3月には代々木上原駅まで延伸され、**小田急電鉄とも相互直通運転**が行なわれるようになりました。

　千代田線には、当時の**営団地下鉄の最新技術が取り入れられ**、車両には、**サイリスタチョッパ制御でアルミニウム合金車体**の画期的な車両である**6000系**が投入され、トンネルではシールド工法が本格的に採用されました。**キャブシグナル**によるATCで運転されるなど、**営団地下鉄の優れた技術力が活躍**しました。

 用語解説
キャブシグナル
運転台に制限速度などを車内信号として表示させる装置で、従来の地上信号機に代わるものです。

千代田線全通と相互直通運転発車式の様子。

日比谷線の開通式の様子。

パンタグラフを付け相互直通運転に備える日比谷線車両。

東西線の開通式の様子。

Mini Column

地上ルートで開業の東西線

東西線では、江東区の海抜ゼロメートル地帯を深く掘り進めるなど、初めて本格的な円型シールド工法が採用されましたが、南砂町～西船橋間は地上区間が連続15kmに及ぶ全線立体交差で建設されました。荒川、江戸川などに長い橋梁が架けられ、快速列車も設定され、最高速度100km/hで運転するなど異彩を放ちました。

第5章　東京メトロの歴史

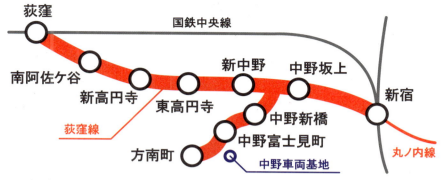

1962年に全線開通した荻窪線の路線図。

荻窪駅工事の状況。

荻窪駅付近の工事の様子。

丸ノ内線に編入された荻窪線

　荻窪線の総工費は約201億円に上りましたが、開業は国鉄中央線の混雑緩和に貢献しました。また、分岐線は中野区弥生町五丁目に設けられた中野車両基地（検車区・工場）への連絡線に使われました。

　路線名は別ですが、もともと**丸ノ内線の延長**として建設された荻窪線は丸ノ内線と一体運営されました。そして1972年に新宿～荻窪間と分岐線も**丸ノ内線に編入**され、**荻窪線の名前は開業から12年で消滅**しました。丸ノ内線は営業キロ27.4kmと、先行の銀座線（14.3km）のほぼ倍の路線長となりました。

　そうした歴史を持つ荻窪線ですが、イギリス映画**「007は二度死ぬ」**のロケに用いられました。日本の諜報機関のボスのオフィスとして中野新橋駅が、また移動手段として地下鉄が登場しています。

豆知識
映画「007は二度死ぬ」
1967年公開の007シリーズ第5作。香港や日本が舞台で、日本では東京・神戸・鹿児島などでロケが行なわれました。主人公のジェームス・ボンドが乗るボンドカーにトヨタ2000GTが採用されています。

東京の都市計画に伴い建設された地下鉄
銀座線は3号線、1号線は？

銀座線01系電車の第30編成は、熊本地震からの復興を祈願し、2017年1〜2月に「くまモン」のラッピングが施されました。01系は2017年3月に引退。

車両の形式番号と合わない路線名称

東京の地下鉄は**東京メトロと東京都交通局が運営しています**。路線には銀座線・丸ノ内線などの路線名のほか、第1号線、第2号線など、数字が振られています。例えば、銀座線は3号線、丸ノ内線は4号線、日比谷線は2号線、南北線は7号線という具合です。

走る車両は01系が銀座線、02系が丸ノ内線と車両形式の数字とは関連がなさそうですが、これは**戦前に開業した銀座線以外は都市計画に沿って建設されたこと**に由来します。

東京の都市計画は、戦前に**内務省**が策定しました。その後、戦争で焼け野原になり、戦後の1945年に政府は戦災復興院を設けて、改めて都市施設の復興計画を策定しました。このとき地下鉄5路線の建設計画が決定されました。

POINT
号線と路線名の関連表

1号線	浅草線
2号線	日比谷線
3号線	銀座線
4号線	丸ノ内線
5号線	東西線
6号線	三田線
7号線	南北線
8号線	有楽町線
9号線	千代田線
10号線	新宿線
11号線	半蔵門線
12号線	大江戸線
13号線	副都心線

※赤字は都営地下鉄

1962年当時の地下鉄建設計画

各番号は南から順に振られています。

都市計画に基づく号線の数字

　既存の私鉄は山手線内に路線を延ばすことを望んでいましたが、地下鉄の建設は多額の費用がかかるうえ、工事は地上の交通に影響を与えます。このため運輸大臣（現・国土交通大臣）の諮問機関である**都市交通審議会**で、東京都心の地下鉄は営団地下鉄と東京都交通局が建設し、私鉄は各々が建設するのではなく、それらに乗り入れることが決定されました。銀座線・丸ノ内線を除く**路線が架空線方式を採用しているのは、私鉄と直通運転を行なうため**です。

　このときつくられた計画路線に**南から順番に１・２・３…と番号が振られました**。これが前出の第１号線、第２号線…の元で、都市計画には東京都が建設する路線も含まれているため、都営地下鉄浅草線が１号線、日比谷線が２号線…となりました。後年、計画ルートに変更が生じましたが、おおむねこの計画に沿っています。

用語解説
都市交通審議会

旧運輸省内に設けられた審議会で、都市内の交通体系について運輸大臣に答申しました。後に運輸政策審議会に発展しましたが、2001年に実施された中央省庁等改革基本法に基づく行政組織再編成に伴い、廃止されました。現在は国土交通省内に設けられた交通政策審議会に、その役割が委譲されています。

豆知識
東京都の地下鉄事業参入

東京都は戦前から地下鉄事業への参入を希望していました。戦後、都市交通審議会により東京の地下鉄は営団地下鉄が整備することになっていましたが、地下鉄網を早急に整備したい東京都は、営団地下鉄だけでは整備しきれないと主張しました。1956年の都市交通審議会第１号答申で１号線(浅草線)は東京都が建設する路線とされ、1956年に正式に参入が認められました。

文字やマークで分かりやすく案内
東京メトロのサインシステム

ラインカラーや路線記号、駅ナンバリングがドーナツ状のサインで分かりやすく掲示されています。

全国に先がけ大手町駅に導入

　サインシステムは、鉄道の駅や公共施設などに設けられている**案内標識**のことです。誰もが分かりやすいよう、文字や色などが統一され、**ピクトグラム**（絵文字）も使用されています。

　東京メトロのサインシステムは、1973年に千代田線**大手町駅で試験的に採用されたのが始まり**で、有楽町線開業の翌1974年から本格導入されました。周囲の風景で居場所が認識できる地上の鉄道に比べ、地下鉄の駅や通路は分かりづらく、**利用客がスムーズに駅構内を移動できるよう開発**されました。表示を**乗車・降車系に大きく分け**、ラインカラーを**ドーナツ状のサイン**で表し、出口番号を掲示するなど、便利で分かりやすい画期的なもので、以後、同サインシステムは全国各都市のモデルとなり普及しました。**日本のサインシステムの先がけ**的な役割を果たしたのです。

豆知識

初期のサインシステム
当初は、改札入り口が緑色、改札出口・地上出口が黄色で示されていました。現在も設置されている階段上の路線図などに加え、当時は地上の景観写真が出口の階段の前に掲出され、利用者が分かりやすく移動できる工夫がされていました。

集合案内板の設置
新基準のサインシステムでは、ホームに時刻表、路線図、出口の案内標などが集約された「集合案内板」が設けられました。上部には案内表示の目印である「iマーク」のサインを掲げ、離れた所から視認されにくかった案内表示板の位置が分かりやすくなりました。

●従来のもの

●改良後のもの

乗車・乗り換え案内はダークブルーが基調となり、新たにローマ字の路線記号が追加されました。

路線記号は銀座線＝G、東西線＝T、半蔵門線＝Zのように、重複を避けながら分かりやすく表現されています。

Mini Column

サインシステムの変遷

見やすく、分かりやすい案内表示は、戦後の国鉄が「日本国有鉄道掲示規定」を制定し、文字や掲示位置などを統一させました。かつて全国の国鉄路線の駅名標が同一様式であったのはこのためです。JR化後は、ほかの私鉄のように各社が独自のサインシステムをつくり、近年では事業者ごとに異なるため分かりづらいという側面もあります。それを解消するために、案内の設置場所を統一させるなどの改善が進められています。

基準を改良しさらに発展

　営団地下鉄時代につくられたサインシステムは、東京メトロに継承されましたが、同時に基準も見直され、2004年に現行のシステムが順次採用されました。しかし、訪日外国人の増加や少子高齢化など**社会環境の変化**に合わせて、さらなる見直しが行なわれ、2014年に**新しい基準に改正**。各駅のサインシステムの更新が順次実施されています。

　改正では、駅名に「**駅ナンバリング**」を併記させるなどの表記の強化、コンコースに点在していた**サインが集約**され、乗車系は青、降車系は黄色に区別されました。トイレの位置表示も**視認性を向上**させるため大型化されました。駅周辺のランドマーク施設への**案内も強化**され、ピクトグラムや文字も見やすくなり、**多言語の表記が追加**されました。2020年を目処に全駅のサインシステムが更新される予定です。

用語解説

駅ナンバリング
主にアラビア数字の駅番号、ローマ字の路線記号で構成された駅番号制度です。路線記号は、同じ地域では文字が重複しないよう配慮されています。海外からの利用者でも分かりやすく、多くの事業者が導入しています。

第6章　東京メトロの豆知識・ヒミツ

151

営業キロとは比例しない
私鉄最多を誇る車両数

丸ノ内線の後楽園～茗荷谷間に位置する小石川車両基地に集う02系。

大手私鉄でトップの保有両数

　日本には**大手私鉄**と呼ばれる事業者が**16社**あります。この中で最も営業キロが長いのが2府3県に路線を延ばす近畿日本鉄道で、508.1kmに及んでいます（2016年4月現在。以下データはすべて同じ）。東京メトロは195.1kmで第4位です。しかし、**保有する車両数は唯一2000両を超える2766両**と、**大手私鉄でトップ**を誇ります（近畿日本鉄道は1915両で第2位）。これはどういうことでしょうか。

　大手私鉄の中には名古屋鉄道が電気機関車を4両、京王電鉄が貨車を2両保有し、在籍車両数に計上しています。また、近畿日本鉄道・京阪電気鉄道・南海電気鉄道にケーブルカー、東急電鉄に路面電車、西武鉄道に新交通システムの路線があり、それぞれの車両を保有しています。一方で東京メトロの保有車両の内訳を見ると、**すべて普通鉄道の旅客列車**です。

POINT
朝ラッシュ時の運転本数
全列車が半蔵門線へ直通する東急田園都市線の朝ラッシュ時の渋谷方面行き列車は、激しい混雑で有名です。混雑緩和のために本数を増やしていますが、平日の渋谷発は、7時台が22本、8時台が27本と限界に達しています。

用語解説
大手私鉄
日本民営鉄道協会によると、資本金・営業キロ・輸送人員などの経営規模が大きく、東京・名古屋・大阪・福岡の四大都市の周辺の通勤・通学輸送を分担しているという共通点があります。地方の中小私鉄のうち、JR・公団・モノレール・新交通システム・ケーブルカーを除いた事業者は、大手私鉄に対して地方私鉄と呼ばれます。

大手私鉄各社の在籍車両数（2016年3月末現在）

	社名	車両数	旅客営業キロ
1	東京メトロ	2766	195.1
2	近鉄	1915	501.1
3	東武	1904	463.3
4	大阪市交通局	1358	137.8
5	阪急	1303	143.6

	社名	車両数	旅客営業キロ
6	西武	1266	176.6
7	東京都交通局	1260	128.9
8	東急	1206	104.9
9	名鉄	1080	444.2
10	小田急	1075	120.5

半蔵門線は東京メトロだけでなく東武鉄道、東急電鉄からも20m車10両編成の車両が乗り入れるほど、多くの需要があります。

列車の運転本数・編成両数が多い

　つまり、東京メトロは全車を旅客輸送に用いていることとなり、**2766両も必要なほど乗客が多い**ということです。

　これは東京メトロが大都会に路線を延ばしていることと無関係ではありません。支線を除く1列車当たりの編成両数は6～10両で、**朝ラッシュ時の最混雑時は2分間隔で運行**されています。銀座線・丸ノ内線を除いて他社の車両も乗り入れてきますが、これほど長大編成の列車が頻発運転されていれば、車両数が増えるのも分かります。営業キロが東京メトロより長く400kmを超える近畿日本鉄道や東武鉄道・名古屋鉄道は、2両編成の列車で事足りるローカル路線も多数抱えることから、路線長のわりに保有両数が多くありません。また、営業キロが短い相模鉄道・阪神電気鉄道はそれなりの両数です。

豆知識
輸送量で比較すると
2015年度の1日1km平均の旅客輸送人員で比較すると、東京メトロが29万7641人と第1位です。第2位は東急電鉄で27万9481人、以下、京王電鉄と小田急電鉄が20万人を超えています。関西では阪急電鉄が16万9124人でトップです。

引退した車両はどこへ？
東京メトロの譲渡車両

1990年代に譲渡が始まった

　鉄道車両はメンテナンスを適切に施せば、案外寿命が長いものです。しかし、**技術革新や車両の陳腐化などで、廃車になる**ケースがあります。一方で、コスト削減のため**中古車両を購入する地方私鉄**も存在します。こうした需要と供給から、**大手私鉄の車両が地方私鉄に譲渡**され、現地で活躍するケースが散見されます。

　営団地下鉄時代は後継車に置き換えて、既存車は解体されることが大半でした。ところが1990年代から、地方私鉄への車両の譲渡が始まりました。国内では1993年から日比谷線の3000系が改造のうえ、**長野電鉄**へ2連14本（3500系と改称）と3連3本（同3600系）の37両が譲渡されました。現在は3500系5本、3600系1本の13両に減少しています。

海外に譲渡される車両も増える

　また、**銚子電鉄**には1994年に2000形2両が譲渡されました。2000形は銀座線・丸ノ内線用車両なので、**銚子電鉄への入線の際は両運転台化、パンタグラフの装備、台車の交換など**が行なわれました。2011年に赤色の丸ノ内線カラー、翌年に黄色の銀座線カラーが施されましたが、2015年に廃車されました。さらに、2014年には、**熊本電気鉄道**へ01系が譲渡され、台車の変更、及び架線集電方式への改造を経て、上熊本〜北熊本間で運転を始めました。

　海外には、1995年にアルゼンチンの首都、**ブエノスアイレスの地下鉄**に300形・500形・900形の計131両が譲渡されました。このうち500形4両が2016年に日本へ里帰りし、中野車両基地で動態保存されています。また、インドネシアには、首都**ジャカルタ**近郊区間向けに2007年、5000系30両を皮切りに、6000系・7000系・05系が譲渡されています。

POINT
車両の陳腐化
1950年代は国鉄80系に端を発した正面2枚窓の「湘南スタイル」が、私鉄でも流行しました。しかし時代が下ると、貫通扉がないことによる併結運転の難しさから、湘南スタイルは流行遅れとなり減少しました。このように鉄道車両のデザインにも流行があります。

豆知識
長野電鉄3500系の里帰り
長野電鉄に譲渡された3000系のうち、トップナンバーの3001と3002（長野電鉄ではモハ3501とモハ3511）は保存のために2007年に東京メトロに戻ってきました。この車両は竣工当時のデザインに復元され、イベントなどでお披露目されています。

営団カラーの復元
銚子電鉄に入線した2000形は、銀座線2046が銚子電鉄デハ1001、丸ノ内線分岐線用2040が同デハ1002となりました。営団カラーの復元は元の走行路線に合わせて施され、多くの鉄道ファンに好評を博しました。

長野電鉄に譲渡された営団地下鉄3000系。長野電鉄では3500系として走っています。

銚子電鉄で活躍した営団地下鉄2000形。2015年に営業運転を終了。

アルゼンチンに旅立つ数々の車両。

第6章 東京メトロの豆知識・ヒミツ

Mini Column

地方私鉄が求める中古車

大手私鉄から地方私鉄への車両譲渡の流れはすでにできていますが、どの車両でもいいわけではありません。地方私鉄の条件に合った車両が求められ、車両限界から車体長16m、あるいは18mの車両に人気があります。また、塗装の必要のない(メンテナンスフリー)ステンレス車も人気が高いです。日比谷線に13000系が出そろうと、03系が地方私鉄へ譲渡されるケースが増えるかもしれません。

155

地下鉄ストア

地下街、駅チカの元祖

最古の地下街の雰囲気があった1980年ころの神田「須田町ストア」。

上野駅での営業が始まり

東京メトロでは**駅チカ商業施設である「Echika」**等が多数の駅にあり、利便性の高い空間として賑わっています。しかし、これは戦前の東京地下鉄道時代にすでに**「地下鉄ストア」**という名で存在していました。

地下鉄ストアは、鉄道以外の副業による増収策のアイデアで、1930年4月、**上野駅構内に直営店舗が設けられました**。「どこよりも良い品を、どこよりも安く売る」をモットーに、食料品、菓子、日用雑貨、玩具などが販売されました。たちまち好評となったため、上野駅前に地下2階、地上8階の**上野地下鉄ストアビルを建設**し、本格営業を始めました。

地下鉄ストアは、さらに**神田駅、日本橋駅、室町（日本橋駅近く）に拡張**され、大いに賑わいました。地下鉄ストアのチェーン店による生活必需品の良品安価販売は、**スーパーマーケットのはしり**となりました。

豆知識

上野地下鉄ストア
1931年12月に開業。ビルの壁面には直径20m、文字直径2m、分秒針6.4mの世界一の大時計があり、東京の名所にもなりました。戦時色が濃くなると閉店され、大時計は金属回収令により供出。ビルは営団地下鉄本社として再建され1989年に完成し、現在は東京メトロ本社になっています。

晩年の「須田町ストア」は数軒が営業するのみでしたが、古きよきたたずまいは、最後まで変わらず残っていました。

 Mini Column

地下鉄ストアの徹底営業

地下鉄ストアは「奉仕第一主義」というサービス重視の営業方針でした。ストア開業以前にも、地下鉄食堂を副業として開業させていましたが、商業を徹底させるため、百貨店経営などを副業で行なっていた阪神急行電鉄（現・阪急電鉄）の経営者小林一三に懇願し、社員を阪急百貨店に出張させ、従業員を養成しました。また、幹部社員も渡米し百貨店、スーパーを視察。ノウハウを学んでいます。

平成まで続いた最古の地下街

地下鉄ストアのうち、「**神田地下鉄ストア**」は専用の**須田町ビル**が建設され、ここにつながる地下通路にも店舗が並びました。これらは「**地下道市場**」とも呼ばれ、**上野駅とともに現在の地下街のはしり**となりました。また、**10銭均一**とした安売りも行なわれ、これも現在の**100円均一ショップの先がけ**で、東京地下鉄道の先進性が垣間見られます。地下鉄ストアは後に閉店しましたが、神田地下鉄ストアの「地下道市場」は残り、「**須田町ストア**」として、紳士服店、理容店、靴店などが営業を続けました。昭和の古き良き時代の店舗が軒を連ね、靴店などは、修理、オーダーメードが主体の昔ながらの営業スタイルでした。

しかし、店主の高齢化などで閉店が進み、2011年1月には残った店舗も店じまいされ、日本最古の地下街はひっそりと幕を閉じました。

豆知識
神田地下鉄ストア

神田駅開業翌年の1932年4月にオープン。当時の交通の要衝であった須田町交差点に近く、大変賑わいました。閉店後は発足した営団地下鉄が、上野地下鉄ストアビルとともに、一時的に本社として利用しました。

POINT
地下道市場

10銭均一が売りとなり、近所の住民からも好評で、「10銭ストア」とも呼ばれました。

第6章 東京メトロの豆知識・ヒミツ

東京メトロの歴史的名車
高性能電車300形

地下鉄博物館に保存展示された301号車。300形は1996年7月まで40年もの間、活躍しました。

斬新な赤い車体でデビュー

1954年に丸ノ内線の開業とともに登場した300形は、斬新な傑作車として名を馳せ、今も鉄道ファンの間で語り継がれている名車です。

車体は**スカーレットミディアム**と呼ばれる鮮やかな赤色で、窓の下に白帯を配し、この中に、ステンレス製の正弦波曲線（サインカーブ）の模様を連続させた美しい外観で、前照灯は尾灯と一体化した2灯式。彩色された標識灯が並ぶ行先表示器のある近代的なデザインでした。

車体の赤い色彩は、丸ノ内線建設調査のため欧州を視察した当時の営団地下鉄総裁一行が、イギリス製の煙草、缶入り「ベンソン・アンド・ヘッジズ」の缶の色に魅力を感じ、採用されたといわれています。また、日本で初めて両開き引戸を採用。車内も明るい蛍光灯照明で、優雅な雰囲気を醸し出していました。

POINT

彩色された標識灯
当初、池袋方向は「池」の水色、御茶ノ水方向は「お茶」の茶色で点灯されていました。開業区間が延長すると、色彩もそぐわなくなり、点灯は後に中止されました。

優雅だった車内
車内の壁はピンク、天井は白、座席は紺の霜降り、床はグリーン。蛍光灯は乳白のグローブ付きで、銀座線（東京地下鉄道）1000形から採用されていたリコ式吊り手が並び、美観に配慮されていました。また、外気を取り入れる軸流送風機（ファンデリア）が設けられるなど、車内設備も斬新でした。

158

晩年の車内。吊り手、座席の色などが変更されましたが、気品ある客室は現在の車両にも継承されています。

DATA

定員・1編成(人)：120
製造初年：1954年
自重(t)：40
最大寸法(mm)：長さ18000、幅2790、高さ3500
最高速度(km/h)：65
加速度(km/h/s)：3.2
減速度(km/h/s)：(常用)4.0、(非常)5.0
制御装置：ABF形電空単位スイッチ式・電空カム式
ブレーキ装置：SMEE電磁空気発電ブレーキ自動列車停止装置付き

後の車両の礎となった最新技術

　300形は車体だけではなく、性能面でも優れていました。当時の米国ニューヨーク地下鉄の最新技術を採り入れ、同国ウエスチングハウス社と技術提携をする三菱電機がライセンス契約をして、同社の電気品などを国内で生産しました。スムーズな高加減速を可能にした**力行18段、ブレーキ18段の多段式の制御器**、発電ブレーキが連動する**SMEE形電磁直通式空気ブレーキ**。駆動装置は、後に新幹線にも採用された**WN駆動方式**と、すべてに画期的な新機軸が導入された車両でした。

　300形は、鉄道先進国の欧米と比較しても見劣りしない高い技術水準の車両で、日本では**高性能電車**のパイオニア的存在となり、後の鉄道車両の発展に大きく寄与しました。

用語解説
高性能電車
それまでのモーターを車軸に装架する吊り掛け式から、モーターを台車枠のみに搭載し、自在継手により車軸に動力を伝えるカルダン駆動、WN駆動方式、ブレーキも応答性のよい電磁直通ブレーキなどを採用した電車のこと。小田急ロマンスカーSE車3000形や、国鉄の新性能電車と呼ばれたモハ90系(101系)などが黎明期の車両の代表例。

豆知識
試作車1400形
300形に先立ち、試作、運転教習のために製造された車両。300形用に製作された電気品、ブレーキ品を取り付け、銀座線で半年間試運転が行なわれました。試験終了後は309・310号に機器を譲り、1400形は銀座線の一般車に改造されました。

第6章　東京メトロの豆知識・ヒミツ

混雑緩和の抜本的対策
新路線は旧路線のバイパス

国鉄のバイパス線としての地下鉄

　昭和30年代後半の高度経済成長期から、職を求める人が東京へ流入し、都心へ向かう郊外路線の混雑が顕著になってきました。とくに**国鉄線は輸送が切迫していました**。これを抜本的に解決するものとして、地下鉄と郊外鉄道を直通することが都市交通審議会によって答申されました。

　すなわち沿線の宅地開発が進んだ**東武伊勢崎線を日比谷線に直結する、また東西線・千代田線・荻窪線（現・丸ノ内線新宿～荻窪間、分岐線）は国鉄線のバイパスとして建設**するというものです。

　東西線は、中野～東京（大手町）～西船橋間で中央・総武線と並行することから、郊外～東京間の別線となる、千代田線は常磐緩行線に乗り入れ、北千住駅から都心部へ直結して北千住～上野～東京間の別線、荻窪線は中央線新宿～荻窪間の別線という扱いです。

> **POINT**
> 国鉄の輸送力増強策
> 昭和30年代、大都市圏の国鉄のラッシュは激しく、社会問題にもなっていました。これを解決するため、1957年から約15年間に渡り、総額約6000億円の巨額の投資が行なわれました。東京圏では車両の増備、編成長の増大化とそれに伴うホームの延長、複々線化などが実施されています。

丸ノ内線とJR中央線、東西線とJR中央線・総武線の路線図

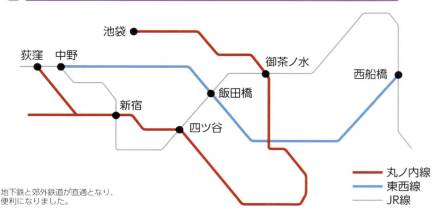

地下鉄と郊外鉄道が直通となり、便利になりました。

混雑する地下鉄線のバイパス線

国鉄線のバイパスとして計画された地下鉄ですが、丸ノ内線車両が18m級、戦前に開業の銀座線の車両は16m級で、1本当たりの編成両数も短いため混雑が激しくなり、**地下鉄のバイパスとしての地下鉄が計画**されるようになりました。それが1968年4月に都市交通審議会が運輸大臣（現・国土交通大臣）出した答申第10号で登場した**有楽町線と半蔵門線**です。

有楽町線は答申第6号で中村橋～目白～飯田橋～錦糸町間のルートでしたが、**答申第10号で丸ノ内線池袋～銀座間のバイパスの役割**が盛り込まれ、成増～池袋～飯田橋～銀座に変更されました。半蔵門線は、**銀座線が二子玉川まで延伸される計画**でしたが、第三軌条方式ではなく架線集電方式を採用することで、その建設が認められました。渋谷～赤坂見附・永田町間で完全に並行しており、輸送力が限界に達しつつあった銀座線を助けています。

用語解説
郊外鉄道
都心にターミナルを有し、郊外へ向けて路線を延ばす鉄道のことで、東武鉄道や西武鉄道などの私鉄を指します。山手線の駅にターミナルを設けていますが、かつては各社ともJR山手線内に路線を延ばそうとしていました。

有楽町線と丸ノ内線、半蔵門線と銀座線の路線図

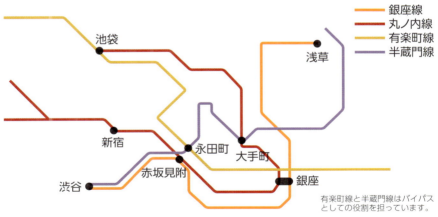

有楽町線と半蔵門線はバイパスとしての役割を担っています。

Mini Column
定期券はどちらでも利用可
東京メトロの通勤・通学定期券は、申し込みした際の乗車経路の通りに乗車しなければならず、他経路を乗車することはできません。しかし渋谷～赤坂見附・永田町間を発着区間に含む定期券については、定期券に表示された指定経路にかかわらず、この区間に限り銀座線・半蔵門線のどちらにも乗車できる特例が認められています。

こだわりのアルミ車体・チョッパ制御
最新技術でつくられる車両

アルミ車体が特徴的な東京メトロ車両(半蔵門線8000系)。

開業から現在まで意欲的な技術

　初めて地下鉄を開業させた東京地下鉄道は、車両など**優れた技術やサービス**が先進的でした。その高い先進性は、銀座線として継承された営団地下鉄、そして東京メトロにも受け継がれています。
　例えば車両だけを見ても、丸ノ内線で高性能電車の**300形**を創製。300形の台車には、**軸箱支持方式**にコイルばねとウイングばねを組み合わせ、乗り心地に優れた「**ゲルリッツ式**」を採用。後の車両ではコイルばねと油の入った円筒のダンパーを組み合わせた「**シュリーレン式**」、2本のリンクでつなぐ「**アルストム式**」や板バネを用いた「**ミンデンドイツ式**」など、さまざまな方式を試みながら採用するなど、技術の向上にとても意欲的です。現在の1000系では、車輪の向きが変えられる斬新で画期的な**操舵台車**を採用するなど、**乗り心地や安全性**が追究されています。

用語解説

軸箱支持方式
台車枠とばねでつながる車軸の軸箱を支える方式のこと。乗り心地や走行性能にかかわり、走行状態や車両の重量などで変化するので、走行線区や列車に適した構造が求められます。

操舵台車
カーブの通過時に2つの車軸がレールの向きとは一致しなくなる「アタック角」をゼロに近づけられる、曲線通過性能が高められた台車です。1000系では車体と台車の角度の変動に合わせてリンクが動き、車体中央側の車輪の向きが調節されるしくみになっています。

抵抗制御

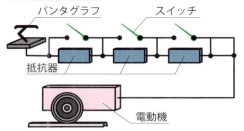

電動機の回路に複数の抵抗器とスイッチがあり、スイッチを入れる箇所や数によって、電圧を制御します。スイッチがすべてONになると電圧が最大、すべてOFFになると抵抗値が最大になります。

チョッパ制御

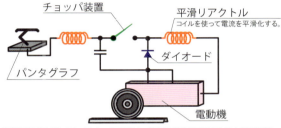

半導体素子を用いて、スイッチのON・OFFの間隔を変えることで電圧を変えます。1秒間に数百回という高速で行なわれ、ONの時間が長いと平均電圧が上がり、OFFの時間が長いと下がります。

 **Mini Column**

サイリスタ・チョッパ制御
一般的だった抵抗制御は、モーターへの回路に多数のスイッチと抵抗器があり、さらに直列〜並列と回路をつなぎ変えて電流を調節します。サイリスタ・チョッパ制御では、サイリスタで電流を高速でON・OFF（チョップ）させモーターを制御します。抵抗熱の発生がなく、トンネル内の温度上昇が抑えられるため、インバータによるVVVF制御が普及するまで大活躍しました。

一貫したアルミ合金車体

　車体では、東西線用の5000系の一部が**オールアルミ合金**で試作され、6000系から本格採用されました。
　アルミ車体は**耐候性に優れ、保守が容易**です。ステンレス車体と比べて大幅な**軽量化が可能**で、電力量やレールなどの摩耗も少なく**経済的**です。営団地下鉄では、以後の**新車はすべてアルミ車体で製造**され、東京メトロの新車の製造でもそれが続いています。
　6000系では、**世界初の回生ブレーキ付サイリスタ・チョッパ制御**が採用されています。従来の**抵抗制御式**とは異なり、制御装置に半導体のサイリスタを使用することで、**とても滑らかな加減速**ができるようになりました。長らく営団地下鉄の車両の標準となりましたが、**交流モーター**が使用できる**VVVFインバータ制御**が9000系以降の新車に採用され、後にチョッパ制御の車両もVVVFインバータ制御に改造されました。

用語解説

回生ブレーキ
モーターを発電機としてブレーキ力を得る発電ブレーキを発展させたものです。ブレーキで生じた電力は発電ブレーキでは抵抗器により熱で放出させますが、これを架線に戻すことで、省エネルギー化が行なわれ経済的です。

交流モーター
従来の直流モーターに比べ、摺動（しゅうどう）するブラシがなくなり保守の手間が大幅に減少、また大出力でありながら小型化も実現できました。1000系では、回転子に永久磁石を使用し、さらに省エネルギー化を図った「永久磁石同期電動機」が採用されています。

POINT

省エネルギー化
6000系では軽量化と回生ブレーキ付チョッパ制御により、電力費は従来車の59％になりました。

第6章　東京メトロの豆知識・ヒミツ

本来は存在しないはず
日本で唯一、地下鉄にある踏切

地上の車両基地への引込線に設けられた踏切

　地下鉄は文字通り地下を走行します。東西線のように一部に高架線が設けられているところもありますが、**基本的に道路とは立体交差**しています。このため道路と平面交差する個所に設けられる踏切は、地下鉄には存在しないはずです。しかし、東京メトロには**日本の地下鉄で唯一、踏切があります**。

　それは**銀座線上野検車区の手前**にあります。JR上野駅入谷口から首都高速道路を越えて東へ約250mの地点に位置し、銀座線から上野検車区への引込線が地上に出て公道と交差する所です。公道から踏切は誰でも見られますが、営業列車内からは見ることはできません。上野駅を発車した浅草行きの列車が「ガタンゴトン」とポイントを渡る個所が、引込線との分岐点です。

　通常の踏切は道路側に遮断機が設けられていますが、この踏切は**線路側にも遮断機があります**。

用語解説
立体交差
線路と道路、道路と道路など物体が移動する道筋が、異なる平面上で交差することを指します。同一平面上で交差する平面交差に比べて、一方の通行を妨げないことから、輸送量の増加、事故の防止、渋滞の解消などが図られます。立体交差は一方が高架橋で通過する構造と、地下で通過する構造があります。

銀座線上野検車区前の踏切。

都営地下鉄にも踏切が存在した

銀座線は第三軌条集電方式なので、踏切に第三軌条を敷設すると道路交通に支障を与えます。このため踏切部分は**無電区間**になっています。また、誤って線路内に立ち入ると、直流600Vの第三軌条に接触して感電する危険があります。このため**線路側にも遮断機を設ける厳重な管理**が行なわれています。列車が通過する際には道路側の遮断機が降りて、線路側の遮断機が開きます。遮断機が降りる光景は、**日中より朝夕のラッシュ前後の時間帯に多く**見られます。

以前は、都営地下鉄浅草線馬込車両工場への引込線にも踏切が3カ所設けられていました。しかし、馬込車両工場は老朽化により2004年に廃止されました。馬込検車場に隣接した場所に新工場が設けられたのです。それと同時に踏切も廃止され、地下鉄の踏切は上野検車区前の1カ所になりました。

豆知識
新幹線にも踏切がある
一部区間を除き高架でつくられている新幹線にも、踏切があります。これは銀座線上野検車区と同じように、JR東海浜松工場への引込線にあるもので、営業線には踏切は存在しません。この踏切は平均1日に2～3本が通過します。

用語解説
無電区間
電化路線において、架線や第三軌条に電力が供給されていない区間のこと。異なる電気方式や会社間の接続点などに設けられます。「死区間」「デッドセクション」ともいわれます。

線路側にも遮断機を設ける厳重な管理が行なわれています。

Mini Column

上野検車区は2層式
踏切がある上野検車区ですが、ユニークな点はそれにとどまりません。留置線が地上と地下の2層式になっているのです。地上に7本、地下に13本が留置できるスペースがあります。2層式となったのは高度経済成長により乗客が増えた銀座線が、それまでの3～5両の編成両数ではさばききれなくなり、現在の6両編成になりました。しかし留置スペースが足りなかったことから、地下に留置線をつくり2層式になったのです。

第6章 東京メトロの豆知識・ヒミツ

アールデコなど世界の流行も反映
今も残る銀座線開業時の意匠

末広町駅の連続するアーチが美しいヴォールト天井。

各駅に散在する優美なデザイン

　銀座線の前身の東京地下鉄道は、さまざまな先進性を打ち出して開業しましたが、**駅のデザインに凝らされた創意工夫**の面影が今でも見られます。

　当時、世界的に流行していたデザインに**アールデコ**が挙げられますが、これに影響されたと思われるアールデコを意識した装飾が散見されます。顕著なのは**稲荷町駅の出入り口**で、優美な**アールデコ調のデザイン**で建設されています。上野広小路〜新橋間では、**平屋駅**ではホーム階、**2階建て駅**ではコンコース階の**天井がアーチを描いたヴォールト天井で構成**されています。コンコース階は、後の駅冷房化工事により、大半が塞がれ平らな天井になりましたが、平屋駅では曲線を描いた天井をホームで見ることができます。また、浅草駅でも**円を描いた立体装飾**が規則的に並び、**美観を意識した開業当時の様子**がしのばれます。

用語解説

アールデコ
1920〜30年代にヨーロッパやアメリカで流行した装飾美術です。円や曲線、直線、パターン化された幾何学的な模様で構成された様式が特徴です。

ヴォールト天井
アーチ断面を水平に押し出したものがヴォールトで、天井がアーチを描いています。アーチ断面を回転させたものが、いわゆるドームです。

平屋駅
階上にコンコースがなく、ホーム階のみで構築された駅で、東京地下鉄道の開業区間では、上野広小路、末広町、神田駅が平屋です。東京高速鉄道の開業による、虎ノ門、外苑前、青山一丁目駅も同様に、やはり天井がアーチを描いており、現在も見ることができます。

稲荷町駅の出入り口に見られるアールデコ調のデザイン。

稲荷町駅の出入り口にある格子窓。

 Mini Column

浅草駅に残る東京地下鉄道の社紋

浅草駅には開業時の通称「赤門」の社寺風出入り口が残されています。かつては、ほかの出入り口にも、浅草観音にちなんだ2匹の竜が躍り、中央に東京地下鉄道の社紋を配した彫刻がありました。出入り口の拡幅で撤去されましたが、風格のある彫刻は再塗装のうえ、新設の1番出口への通路に展示されています。

浅草駅に保存される東京地下鉄道の社紋と竜の彫刻。

浅草駅の天井に見られる立体装飾。

都市景観や乗客サービスも考慮

　上野〜浅草間開業時の駅のデザインは、建築家で元早稲田大学名誉教授の**今井兼次**が海外視察を行ない、その成果が反映されました。田原町駅ホームには、浅草六区への入り口でもあり、**歌舞伎役者などの家紋**が長らく飾られました。

　また、当時はホームの**広告枠やタイルの笠の色を駅ごとに変化**を付けました。これは美観だけではなく、画一的になりがちな地下ホームにおいて、乗客がひと目で**到着駅が分かるよう配慮**されたものです。出札所も、初めは見通しの利かない構造でしたが、後に**四方をガラス張り**とし、明るい接客サービスができるように改良されています。出入り口も、都市景観を損なわず、見通しがよい上屋が必要との見解から研究を重ね、**最小寸法で美観のある上屋**が建てられました。浅草、稲荷町、田原町駅に開業当時の出入り口が残っています。

用語解説

今井兼次

1895年生まれ。早稲田大学助教授時代に東京地下鉄道の駅デザインを担当。外遊時に経験した多くの美術を紹介し寄与しました。国内に多数の建築作品を築き、現在の武蔵野美術大学、多摩美術大学の設立にも尽力しました。1987（昭和62）年没。

豆知識

駅によるデザインの変化

タイルの色彩は濃い青、緑、黄色、淡い緑色などにし、上野では独特のスクラッチタイルを使用して変化をつけました。駅ごとの個性あるデザインは、現在行なわれている「銀座線リニューアル」にも通じています。

第6章　東京メトロの豆知識・ヒミツ

167

安全運行のための訓練施設
総合訓練研修センター

営業線に準じた本格的な設備

　新木場車両基地に隣接した2万7000㎡に及ぶ広大な敷地に設けられているのが「総合研修訓練センター」です。これまで各所に点在していた各部門の研修施設が統合され、**研修棟と営業線に準じた訓練線**があります。従来は車両基地を使用し、営業終了後の深夜帯に限られていた訓練も、時間的、空間的な制約を受けることなく、**総合的に技能や知識を習得**できるようになりました。

本番さながらの訓練がいつでもできる

　ここでは、東京メトロで起こりうる、あらゆる場面を想定し、**駅、軌道、トンネル、橋梁、架線、電気設備、信号設備、指令所などすべてが高密度に集約**されています。部門間の連携を深めながら、「いつでも、失敗をおそれず、**本番さながらの訓練**」が行なわれています。

　訓練線設備は、トンネル、地上区間、ホーム、コンコース、エスカレーターなどの駅設備、実際に運転できる車両を備え、本物さながらの緊張感のある訓練が行なえる「**運転実習線**」と、軌道が敷かれているものの、非通電で列車が走行せず、設備の分解や修理などの実地訓練が行なえる「**技術実習線**」の2エリアで構成されています。

　研修棟には、改札、窓口、券売機など駅そのものが再現され、駅業務の知識と技能を磨けます。また、研修棟では**シミュレーターを使用した仮想運転訓練**なども行なわれます。

　さらに、鉄道事故の資料展示などにより安全の大切さを学べる「**安全繋想館（けいそうかん）**」があり、事故防止と安全の確保が推し進められています。

用語解説

運転実習線
実際と同じ列車（千代田線北綾瀬支線用05系3両編成）が走り、センター中央、センター東、センター西駅の3駅があります。

シミュレーター
7000・16000系を模したもので、お客様案内シミュレーションも行なえます。高度なCGによる映像で、16000系タイプでは揺れなどがリアルに再現されます。

POINT

充実の訓練線
訓練用のトンネルのほか、東京メトロで使用している、トラス橋、ガーダー橋などすべての橋梁、PC桁高架橋が設けられ、標識類なども備えています。

研修棟外観。SSC（ステップアップステーションセンター）、シミュレーター・車両教材室、安全繋想館のほか、一般教室や約500人を収容できる講堂などを備えています。

安全の大切さを知る「安全繋想館」

過去の事故の貴重な教訓を風化させることなく『安全確保』への強い想いを未来につなげることで、さらなる安全意識の高い企業風土を築き上げていくことを目的に開設されました。事故の現場を写真などで再現させ、目で見て、耳で聞いて、心で感じることで、同じ過ちを二度と繰り返さないよう、安全意識を高めるために役立てられています。

研修棟にあるSSCでは、改札・券売機など駅そのものが再現されています。

改札を通るとホームへ。ホームドアやエレベーターがあり実物同様に作動し、本格的な訓練が行なえます。

「センター中央駅」と名付けられた模擬駅は、案内サインなどすべてが忠実に再現されています。

技能実習線には本物のトラス橋も。列車が走行しないため、失敗を恐れずに設備の分解や修理などの訓練が行なえます。

第6章　東京メトロの豆知識・ヒミツ

丸ノ内線に導入される次世代運行技術
無線式列車制御システム

鉄道運行の要「閉塞」

　鉄車輪の列車は、ゴムタイヤの自動車と異なり、先行列車が止まっていても急に止まることができません。また、ハンドルを切ってよけることもできません。

　そこで、衝突事故を起こさないよう、安全のために考えられた保安システムが「**閉塞**」です。これは長い線路を信号機などで区切って十分な間隔を設け、「**1つの（閉塞）区間には1本の列車しか入れない**」というルールを定めたもので、安全性が高く世界中で使用されています。

無線により安全に列車をコントロール

　この閉塞を利用した**CBTC（Communications-Based Train Control）システム**は、地上装置が**無線で送信される先行列車の位置情報から後続列車が走行可能な位置を計算**し、その情報を無線によって後続列車に伝えるものです。

　情報を受信した後続列車は、自ら走行可能な速度を計算してコントロールすることで、列車間隔をさらに短くでき、高い遅延回復効果を得られます。これは**移動閉塞制御**と呼ばれ、欧米などで実用化されています。

　そんなCBTCをさらに発展させたシステムが、**2022年度に丸ノ内線で導入**される予定です。高い密度で列車を運行させる必要がある日本の鉄道環境に合わせ、細かな運転指令を列車に伝達し、**等間隔運転機能**や**駅間の停止を防ぐ機能**も備える予定です。

　また、事故などが発生して片側の線路が不通になった場合でも、反対側の線路で双方向運行をさせ、運転見合わせを極力回避できる、**単線並列運転**も可能になる予定です。安全性がますます向上した、質の高い安定した運行の実現が期待されています。

用語解説

閉塞区間
閉塞区間の境には、一般に色灯式と呼ばれる電球を使用した信号機があります。東京メトロ全線の新CS-ATC区間では、運転台の車内信号（キャブシグナル）に赤（停止）、緑（進行）、制限速度が表示されます。

POINT

無線の送信
列車の正確な位置、速度や進行方向、ブレーキの距離などを送信します。このデータを基に、さらに地上設備が安全で乗り心地のよいなめらかな速度を後続列車に連続的に送信し、適切な列車間隔を維持させます。

世界で実績を残すCBTC
2003年のアメリカ、シンガポールを皮切りに、中国、香港、トルコ、スイス、スペイン、イギリス、台湾、イタリア、フランス、ブラジル、アルジェリア、韓国、フィンランド、カナダ、ベネズエラ、サウジアラビア、アラブ首長国連邦、ドイツ、オランダ、マレーシア、インド、デンマーク、ハンガリー、アルゼンチンの各国で採用され実績があります。

ATCとCBTCの違い

● ATCシステム（従来方式）

走行中の列車は車軸で左右のレールを短絡させており、これを閉塞区間ごとにある現場機器が探知して列車の位置を特定。先行列車の位置に応じた車内信号をレールから送信し、後続列車の適切なブレーキ制御を行ないます。

● CBTCシステム

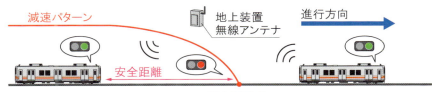

各列車は無線で在線位置を地上装置に送信。地上装置は先行列車の位置から計算した停止限界点を後続列車に送信。後続列車は停止限界点まで安全距離を保った適切な減速パターンを計算し、ブレーキ制御を行ないます。

● 事故など発生時の単線並列運転

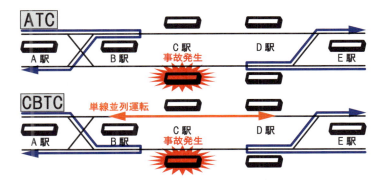

CBTCでは、片側の線路で事故などが発生しても、反対側の線路で双方向運行をする柔軟な対応により、不通区間が排除できます。

第7章 運行のしくみ

鉄道を安全・安心・快適に利用できるように、巨大なシステムが動き、多くの人が運営に携わっています。運転士や車掌のほか、総合指令所や検査・保守を行なうなど、さまざまな仕事があります。ここでは、鉄道運行に係わる仕事をご紹介します。

毎日の輸送を支える
運行にかかわる人々

安全を第一に細かく組織化

　鉄道は巨大なシステムであり、単純に列車の運転や車両配置だけではなく、駅や線路、電気や信号などの地上の設備、検査をする工場などの施設、列車の運行で不可欠な乗務員が配置された乗務管区、そして各機関で働く多くの社員を適切に管理する部門と、すべてが細かく組織化されています。これにより、初めて安全で正常に列車が運行できるのです。

　鉄道会社は、安全に列車を運行させることはもちろんですが、さまざまな分野における最新技術の導入とともに、乗客がスムーズに安心して鉄道を利用できるよう、社会環境の変化に応じた適切な対応をしなければいけません。

　さらに鉄道会社には、企業の社会的責任を果たすこ

豆知識
CS 推進体制
利用客からの問い合わせは、お客様センター(鉄道統括部の現業機関)を窓口に一元的に受け付けていますが、専門事項については、関係各部所・区から直接利用客に回答される場合があります。収集された利用客の意見や社員によるCS(顧客満足)提案は、速やかに社内にフィードバックされ「CS推進会議」で各部連携し、迅速な実施に向けて議論が行なわれます。

運行にかかわる部署

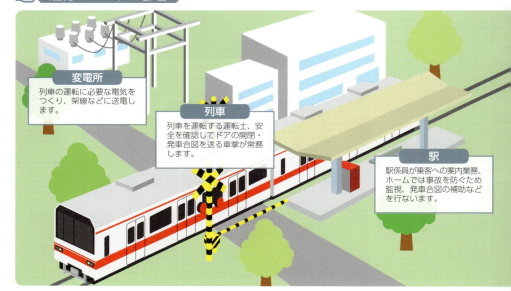

変電所
列車の運転に必要な電気をつくり、架線などに送電します。

列車
列車を運転する運転士、安全を確認してドアの開閉・発車合図を送る車掌が常務します。

駅
駅係員が乗客への案内業務、ホームでは事故を防ぐため監視、発車合図の補助などを行ないます。

と、そこで働く社員には**コンプライアンスの実践**が求められます。

本部と多種の現業機関が連携

　東京メトロで、鉄道の運行をつかさどる、本社の中に組織された部門が**鉄道本部**です。ここは、**鉄道統括部**、**営業部**、**運転部**、**車両部**、**工務部**、**改良建設部**、**電気部**などで構成され、さらに、現業機関である駅務管区、お忘れ物総合取扱所、乗務管区、車両管理所、車両工事所、工務区、工事事務所、変電区、電機区、信通区などに分かれます。

　実際は、車両部が管理する車両管理所は**4カ所の工場**、**8カ所の検車区**に細分化されるなど、現業機関は多種多署に及んでいます。乗客にとって、列車の運行で身近な存在の運転士、車掌は8カ所の乗務管区に配属されています。同様に、駅係員は12カ所の駅務管区、お忘れ物総合取扱所で活躍しますが、全体では一例に過ぎません。このように鉄道の運行は、とても大きなスケールの事業の中で日々行なわれているのです。

> **豆知識**
>
> **運行情報**
> **メール配信サービス**
> 携帯電話、スマートフォン、パソコン向けに、運行情報をメール配信しています。運転見合わせ、15分以上の遅延発生もしくはそれらが見込まれる場合、運行情報が配信されます。また、スマートフォン用の運行情報、乗り換え案内、駅構内図などが確認できる「東京メトロアプリ」もあり、運行情報サービスとして活用されています。

第7章　運行のしくみ

車両基地
車庫の役割のほか、日常的な検査を行ないます。

本社
運行をつかさどる鉄道本部があります。

車両工場
全般検査や重要部検査など、大規模なメンテナンスを行ないます。

運転士の仕事
安全・正確に高い技術で運行

シミュレーターで徹底訓練

　運転士の仕事は、文字通り運転をして列車を走らせるというものです。

　近年の東京メトロの路線では、**新CS-ATC**や自動運転を行なう**ATO**など、運転に関するシステムが新しくなっていますが、いずれも正確に、安全に列車を走らせるためには、運転士による安全確認や確実な操作が不可欠です。ATOが採用された路線でも、乗務している運転士はハンドル訓練を経ており、いざというときにいつでも手動運転ができるよう、一般路線と同等の高い技術を取得しています。

　運転士は、現場に出る前に徹底的に訓練を受けます。ここで使用されるのが、CGを用いた技能講習用の**最新シミュレーター**です。駅構内や沿線の建物などがリアルに表示される本格的なものです。熟練した教官が指導して技能を教え、試験に合格した者だけが、現場に出ることを許されるのです。

日々こなされる秒単位の運転

　シミュレーターではあらゆる場面を想定した高度な訓練が行なわれますが、実際の運転は、それをはるかに凌ぐ厳しい業務です。多くの乗客の命を大切に預かりながら、前方を注視し、安全を第一に考えた操作を行ない、秒単位の正確さが求められる運転を毎日こなしているのです。

　東京メトロの路線は、ほとんどが地下トンネル内なのでカーブも多く見通しの悪い区間もあり、運転にはとくに細心の注意が必要です。このため、運転士には**非常に高いスキル**が要求されます。

　世界的にも評価の高い日本の鉄道の安全性は、この運転士のスキルの高さが支えているともいえます。

用語解説

手動運転
ATOによるものではないマニュアル操作での運転のこと。運転台にあるマスコンハンドルなどが使用されます。自動運転路線では、定期的にハンドル訓練などと呼ばれる手動運転訓練が行なわれます。

最新シミュレーター
運転台マスコンテーブルの交換や、集電方式、信号保安システムの相違に対応した路線映像設定が可能で、東京メトロの各路線の設備や仕様に対応しています。シミュレーターには運転士用のほか、戸閉合図器などが設けられた車掌用もあります。

運転士に求められるのは安全運転の技術。新CS-ATCなどのシステムはありますが、運転士による安全確認や操作は欠かせません。

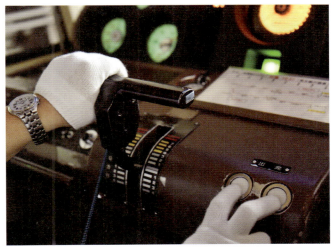

細心の注意のもと、毎日の安全運転が行なわれています。

 Mini Column

運転士になるには
鉄道営業法に基づき、国土交通省令として定められた「動力車操縦者」と呼ばれる運転免許が必要です。東京メトロでは、免許取得のため、乗務員養成研修が行なわれます。シミュレーターも使用され、CAI(コンピュータを使った研修支援システム)などが活躍しています。

動力車操縦者の受験資格の一部
- 20歳以上
- 裸眼または矯正視力で両目1.0以上。片目それぞれ0.7以上
- 色覚・心電図等のチェックをクリアしたこと

第7章 運行のしくみ

運転士と連携して業務を遂行する
車掌の仕事

安全と時間の管理とドアの開閉業務

　列車の正確で安全な運行に不可欠なのが、運転士の
パートナーである**車掌**です。車掌は運転士と一緒に列
車に乗り、ドアの開閉や車内アナウンス、空調の調整
などを細かく行ないます。言うまでもなく、安全確保
はすべての基本です。例えば、10両編成の列車の場合、
先頭車両から最後部まで約200mあり、約40のドア
があります。車掌は列車が決められた停車位置に確実
に停止したことを確認し、ドアを開けます。そして、
40のドアのあるホームの安全を瞬時に、確実に確認
したうえでドアを閉め、運転士に「発車をしてもよい」
という**合図をブザーで送ります。**
　さらに、車掌は秒単位で決められた停車時間を把握、
管理し、支給された懐中時計を確認して発車のタイミ
ングを適切にコントロールします。ドア開閉、運転士
への合図のタイミングによって、停車時間は大きく変
わります。このような車掌と運転士の密な連携によっ
て列車は運転されているのです。そしてそれらが、利
用客が安心できる運行へと結びついているのです。

ATO線区では運転士がドア開閉を担当

　東京メトロの、丸ノ内線、南北線、千代田線（綾瀬
〜北綾瀬間）、有楽町線、副都心線では、ホームドア
設備など安全条件が整備されていることから、ATO
による自動運転が行なわれています。
　自動運転では車掌は乗務せず、運転士がドア開閉を
行ないます。運転台には、ドア開閉ボタン、多数のホー
ム監視モニターがあり、死角のないようホームの状況
が映されます。運転士はモニターで監視をしながら安
全を確実に確認したうえでドア開閉を行ない、発車ボ
タンを押します。自動運転は優れた技術ですが、**安全
に対する乗務員の意識**が、それをさらに支えています。

POINT

停止位置
東京メトロの駅は、トンネル
内にあるという特殊な条件の
ため、ホームの長さが停車す
る車両数に対してギリギリの
駅も多く、とくに車掌は神経
を使います。銀座線は定位置
停止装置（TASC）が導入され
たので緩和されましたが、確
認作業は怠りません。

懐中時計
秒針、時間が一目で分かる、
いわゆる「鉄道時計」です。日
本では1897年に米国製のも
のが使用されたのが始まりで、
1929年に国産化されました。
乗務員は時計と経験から得た
自分の体内時計を照らし合わ
せ、より正確な運行に役立て
ています。

車掌は、ドアの開閉や車内アナウンス、空調の調整などを行ないます。安全確認をしたうえで運転士に合図を送り、電車は発車します。電車が遅れずに到着するための調整を行なっています。

第7章 運行のしくみ

 Mini Column

監視用テレビジョン
すべてのドアを監視し、安全が確認できなければドアを閉めることはできません。しかし、カーブなどで見通しが困難な駅もあります。この場合は、ホームに設けられた監視用モニターがホームの見えない部分を映し出し、さらに安全のために駅係員の監視も行なわれ、車掌に合図が送られています。

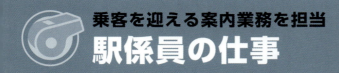

駅係員の仕事
乗客を迎える案内業務を担当

安全確保とサービスを両立

　駅係員は、主に駅のホームや改札口、駅事務室などで乗客へのあらゆる案内業務を行なっています。ホームでは、安全には細心の注意が払われます。事故のないよう監視を行ない、車掌とも連携して安全の確認ができれば、合図を出して発車を補助します。

　一方、改札口などでは、乗り換えの案内から遺失物の対応まで、駅構内のすべての案内業務を担います。駅により有無が異なりますが、駅事務室、定期券売り場、お忘れ物総合取扱所、旅客案内所の各設備が充実し、近年では海外からの利用客が不便なく地下鉄を利用できるよう、駅係員は、毎朝、**英語のワンポイントレッスン**を受けています。また、多言語の遺失物対応マニュアルの作成なども行なわれています。

　一方で、駅係員が大切にしているのが、ジェスチャーや笑顔といった、言葉以外で伝えられる部分です。乗客を気持ちよくもてなす姿勢は、サービスの根幹ともいえるからです。

サービスマネージャーも活躍

　また、主要駅に配置されているのが、観光案内などに特化した駅スタッフである**サービスマネージャー**です。外国人旅行者の増加から、配置される駅が拡大されており好評です。サービスマネージャーは、空港、観光スポット、問い合わせの多い行き先について、利用客の声に対応した手づくりの地図やメモを用意して渡しています。

　これは、スタッフ自身が「こんな地図があったら便利」と気が付いたことから考案してつくられたものです。観光情報の検索や、音声翻訳アプリが活用できるタブレット型情報端末も全駅の設備に配備し、案内に役立てています。このように、安全はもちろん、旅客業務で大切なサービスの質も、日々高められています。

豆知識

構内放送
列車の入線時などの放送は自動化されていますが、混雑時などは駅係員が適切に放送を行ないます。行き先や停車駅などの案内のほか、危険発生の注意も促し、事故を未然に防いでいます。

**英語の
ワンポイントレッスン**
駅の業務内容に特化した英会話を、毎朝1例文ずつ、CDを使用して学習しています。

**多言語の
遺失物対応マニュアル**
英語、中国語、韓国語対応でイラストも入り、遺失物の確認が分かりやすくできるよう作成されています。

駅係員は旅客案内所での業務も行ないます。海外からの利用客対応も増えていて、多言語の遺失物対応のマニュアルも用意されています。

利用客の案内に特化したサービスマネージャー。タブレットを使い、分かりやすく案内してくれます。

 Mini Column

外国語通訳サービスによる案内
駅事務室、定期券売り場、旅客案内所、サービスマネージャー、お忘れ物総合取扱所、お客様センターにて、社員が外国からの利用客と言語が原因でコミュニケーションが取れないことのないよう、通訳会社のオペレーターに通訳してもらう案内が実施されています。英語、中国語、韓国語、ポルトガル語、スペイン語に対応しています。

第7章 運行のしくみ

東京メトロ全線・全列車の管制塔
総合指令所の役割としくみ

各指令が連携し安全輸送を実施

　東京メトロは9路線195.1kmのネットワークに、毎日多くの列車を運行させています。これらの列車を安全で確実に走らせるため、一元的な輸送管理体制を構築したものが**総合指令所**です。ここでは**4指令**と**1担当**の業務が日々の列車運行を支えています。

　運輸指令では、正常なダイヤの確保と安全輸送のため、列車や駅などに的確で迅速な指令と情報提供が行なわれています。乗客の情報管理や駅構内への情報提供、全線の駅や列車情報の把握、振替輸送の指令などです。通常運転はもちろん、事故や遅延などトラブル発生時でも、速やかな対処が行なわれるのは運輸指令の活躍があるからです。

　車両指令は、車両故障時の処置や走行中の異常監視などが主な仕事です。

　施設指令は、工務、電気設備の故障や、異常データを24時間監視し、レール温度、地震計などの防災監視もしています。

　電力指令は、列車や駅エスカレーターなどに安定した電力を供給するため、変電所や電気室の運転状況を24時間監視しています。

　そして**情報担当**は、自線、他社線の運行情報を収集し、利用客や社内に配信するセクションです。事故など運行に関する情報を、ウェブサイトや運行情報装置、旅客案内装置、デジタルディスプレー、メールサービス、ホームページなどによって利用者や社内に提供しています。

　各指令間では互いに、各種データなど情報の提供、支援など連携が図られ、気象情報なども共有することで、正確なリアルタイムの情報、状況の把握が可能になります。また、重大事故や災害が発生した際には、本社に対策本部が設置されるまでの司令塔にもなります。

豆知識

指令所はスペシャリストの集まり

例えば運輸指令では、運転士、車掌、駅信号取扱経験者のスペシャリストたちが集まっています。運転士は車両関係に強く、車掌は車内やホーム上の乗客の動向に精通しているなど、得意分野の経験を業務に生かしています。

他機関とも連携

事故などで列車運行ができなくなった場合、振替輸送の案内のほか、さらにほかの鉄道会社への連絡、テレビなど報道機関への対応も行ないます。また、警視庁、消防庁、気象庁などとのホットラインによる異常時の情報伝達も、速やかに行なわれます。

総合指令所の情報連携のしくみ

総合指令所では情報の共有化と速達化を図って、4指令と1担当が業務内容と情報の連携を行なっています。

鉄道本部
↓
運転部
↓
総合指令所

運輸指令
列車の運行状況、旅客状況の把握
- ダイヤ乱れ時の運転管理
- 事故発生時の処理と指令
- 利用客への運転情報の提供

車両指令
車両運転状況の把握
- 運行列車の監視
- 車両運用変更
- 事故発生時の処理と指示

施設指令
設備状態の把握
- 設備の監視と制御
- 事故発生時の情報の収集と提供
- 保守作業への支援
- 夜間の線路閉鎖中の保守用車、作業責任者、施工工事の管理

電力指令
電力系統の維持と運用
- 変電所の監視と制御
- 事故発生時の処理と指令
- 電力系統の作業統制

情報担当
利用客、社内への運行情報の提供
- 利用客への事故と運行情報の提供
- 社内への事故と運行情報の提供
- ウェブサイトによる情報提供・サービス

第7章 運行のしくみ

 Mini Column

総合指令所
組織的には運転部の管理下にあります。従来別々に存在していた運輸指令所と電力指令所を一体化させ、車両指令と施設指令を新設統合し1996年3月に設立。さらに2007年4月には情報担当が新設されました。

183

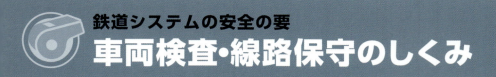

鉄道システムの安全の要
車両検査・線路保守のしくみ

車両を定期的にメンテナンス

　人間が病気の早期発見や健康維持のために健康診断を受けるように、鉄道も安全、安心に列車を運行させるため、定期的に**メンテナンス**が行なわれています。

　車両は、毎日、運転開始前に実施される出庫点検のほか、**車両基地である検車区や工場で、整備士たちによる入念な定期検査**が実施されます。検車区では10日以内に行なわれる列車検査、3カ月以内に行なわれる月検査などがあります。工場では4年または60万km走行のいずれかで車両の主要部品を分解し、検査、修繕する重要部検査、8年以内に行なわれる全般検査と臨時検査があります。

　全般検査、重要部検査では、車体と台車の分離後さらに細かく分解され、それぞれ異なる職場で徹底的に整備されます。小さなネジ1本の緩みも故障や事故につながる可能性があり、担当する整備士たちは、細心の注意を払って作業に取り組んでいます。

大切な線路を守るメンテナンス

　車両と同様に運行に重要なのが**線路**（軌道）です。この線路もメンテナンスは欠かせません。主に営業終了後の深夜に行なわれる作業で線路保守と呼ばれます。

　軌道は、列車が繰り返し通ることで**バラスト（砕石）**道床が変位します。また、レールにも小さな傷や摩耗が発生し、亀裂が起き、乗り心地に大きく影響を及ぼします。これを防ぐため、保守係がレール頭面の凸凹を0.05mm以内に仕上げる「**レール削正車**」でレールを削正したり、列車の荷重で沈んだバラスト道床を突き固める「**マルチプルタイタンパー**」により、正常で安定した軌道に回復させます。線路保守は、快適な安全運行を支える縁の下の力持ちなのです。

豆知識
大切なレールの役割
電化区間では、架線からパンタグラフで集められた電流は車輪、レールを経て変電所に戻ります。このためレールは「帰線電流」が流れるという大切な役割を担っており、線路保守はとても重要です。

用語解説
レール削正車
回転する砥石（といし）の付いたグラインダーをレール面に押し当て削正します。短いレールをつないでつくるロングレールでは、接合した溶接部分の段差を平滑にし、乗り心地を改善します。

マルチプルタイタンパー
バラスト道床の線路のゆがみを直すための保線車両。走りながらレールを持ち上げて、専用器具でレール下のバラストを突き固めながら、ゆがみをならす機能を持っています。

軌道の構造

軌道構造で、最も一般的に見られるバラスト軌道。バラストの上にレールと枕木が載っています。

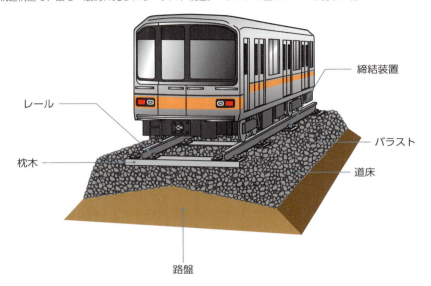

主な保線車両

高速回転する砥石等でレール頭面の凸凹を滑らかにするレール削正車。騒音や振動の低下、レールの延命につながります。

バラスト道床を突き固めるマルチプルタイタンパー。レールのゆがみを矯正します。

Mini Column

人による二重三重のバックアップ

「マルチプルタイタンパー」は、人力に比べて機械による高い精度の作業が効率的に行なえます。しかし、作業の前後では手押し走行による測定機器での検測、作業中は軌間ゲージでの検測や目視による線路状態の確認などが行なわれます。1つの検査結果のみで判断しない、人の手や目による総合的な検査結果での確認が常に行なわれています。

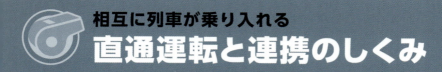

相互に列車が乗り入れる
直通運転と連携のしくみ

都心の路線網に接続して便利に

　東京メトロの路線の大きな特徴は、主に都心部に構築された巨大な路線ネットワークが、終端部分でほかの私鉄やJR線に接続し、一部を除き、**直通運転**が行なわれていることです。これは、機能的な都市計画を鑑み、路線の計画段階で直通運転を想定して建設が行なわれたからです。他社との直通運転は日比谷線に始まり、集電方式が第三軌条方式の銀座・丸ノ内線を除き、開業したすべての路線で行なわれています。

　直通運転によって列車が都心へ乗り入れるのは、乗客にとって大変便利で、そのメリットは計り知れません。副都心線では、西武鉄道、東武鉄道、東急電鉄、横浜高速鉄道との、じつに5社との**相互直通運転**が行なわれており、横浜や川越などの観光地が結ばれ、各沿線の住民も観光や買い物の新たな交通手段として利用するなど、需要は高まるばかりです。

共通規格化された車両

　多社の車両が互いに路線に乗り入れて運転を行なうことを**相互直通運転**と呼びます。しかし、このためには、線路の幅や車両の規格（車両の長さやドアの位置、保安装置など）を細かくそろえなければなりません。これには乗り入れる会社間で話し合いが行なわれ、共通の規格が決められます。

　乗務員は自社線内のみを受け持ち（横浜高速鉄道は東急電鉄に委託）、接続駅で交代をします。車両は相互直通運転による広域な運用が増えており、一部の列車では会社間をまたがっています。副都心線では東京メトロの編成が東急電鉄、西武鉄道の車庫に、逆に東急電鉄、横浜高速鉄道、西武鉄道の編成が東京メトロの車庫に夜間留置されるなど、臨機応変に運用されています。

豆知識
副都心線の輸送状況
輸送人員は、池袋～渋谷間開業の2008年度が7856万9000人でしたが、後に5社による相互直通運転が始まり、2015年度では1億9414万2000人に飛躍的に増加。その効果と人気の高さが数字に表れています。

POINT
乗り入れ車両
共通の規格は、乗り入れ条件の基本仕様を満たすことで、運転台の細かな機器配置などは各社により若干の違いがあり、ブレーキなどの性能も異なります。このため、相互直通運転では、他社線への運転に先がけ、事前に車両を走らせ、乗務員の習熟訓練が行なわれます。

東京メトロの直通運転

東京メトロでは、私鉄やJRと直通運転が行なわれており、次のような路線とつながっています。

● 日比谷線

● 東西線

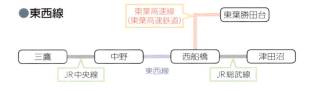

● 千代田線

● 有楽町線

● 副都心線

● 半蔵門線

● 南北線

第8章
安心・安全のしくみ

東京メトロでは、車両の整備はもちろんのこと、駅にはホームドアを設ける、非常ボタンを設置するなどの安全対策が取られています。自然災害などへの対策も考えられており、照明のLED化や太陽光発電、地中熱の利用など、環境に対する配慮も行なわれています。

車両の留置場や工場のしくみ

東京メトロの車両基地

東京メトロの車両基地は12カ所

　鉄道の**車両基地とは、車両の検査**を行なう施設であり、**車庫**としての役割も担っています。東京メトロでは**12カ所の車両基地**があり、計2766両全車がいずれかの車両基地に配置されています。

　日常的な検査を行なう「**検車区**」、数年に一度の大規模な検査を行なう「**工場**」、車両のリニューアルを行なう「**車両工事所（CR）**」があります。さらに検車区には「**分室**」が設けられています。分室はかつて検車区だった施設ですが、東京メトロ内の組織改革により分室になりました。中には小石川分室のようにかつては検車区でしたが、車両数が増えて手狭になったため、中野に広い場所を確保してそちらを本区としたものもあります。これらの車両基地は、車両の出入りが容易なよう、**配置車両が走る沿線に設けられています**。ただし、半蔵門線の鷺沼検車区は沿線には敷地がなかったため、乗り入れ先の東急田園都市線（鷺沼）に設けられました。

日々の検査を行なう検車区

　大きな仕事の1つに、列車の安全・安定運行を支えるための検査があります。**検車区では主に日々の検査**が行なわれています。

　それは車両の不具合の点検・整備だけでなく、客室内の清掃、車体の洗浄なども含まれます。このため、車両基地の広い構内には点検作業を行なう建屋、洗車機を含めた洗浄施設が用意され、東京メトロの社員と協力会社の社員が協力して作業に当たっています。客室内の清掃、車体の洗浄を例に挙げると、客室内は床・手すり・吊り革などの水ぶき、洗車機のブラシが届かない車両正面の手洗いなどが人力で行なわれます。

POINT
車両基地にもダイヤがある

列車はダイヤに則って運行されますが、車両基地での検査・整備にもダイヤがあります。秒単位ではありませんが、1日のうちにどの作業をやらなければならないかを予定して、効率よく行なわれています。

用語解説
CR（カーリニューアル）

東京メトロの特有の施設で、車両の更新工事（リニューアル）が行なわれます。更新工事では冷房装置、CS-ATS、VVVFインバータ制御化改造、大規模改修工事などが手がけられます。

検車区一覧

所属路線	検車区	分室
銀座線	上野	－
丸ノ内線	中野	小石川
日比谷線	千住	竹ノ塚
東西線	深川	行徳
千代田線	綾瀬	－
有楽町線・副都心線	和光	新木場
半蔵門線	鷺沼	－
南北線	王子	－

検車区の様子

留置中の01系車両。

中野検車区の建屋。この中で定期検査が行なわれます。

Mini Column

新車の搬入場所は？

「地下鉄はどこから入れるのでしょう？」とは、昔の漫才のネタでした。たしかに地下を走行する地下鉄の新車がどこから搬入されるのかと疑問が浮かびます。

銀座線・丸ノ内線以外の路線は、他社線と相互直通運転を行なっています。車両メーカーからの新車はその接続駅で受け渡しされます。JR中野駅は東西線と、JR綾瀬駅は千代田線と、JR栗橋駅は日比谷線・半蔵門線の乗り入れ先の東武日光線と、JR長津田駅は半蔵門線の乗り入れ先の東急田園都市線と接続します。車両メーカーからはJR線を経由し、それらの駅で東京メトロへ引き渡されます。なお、銀座線・丸ノ内線の車両は中野車両基地へ陸送されます。

第8章 安心・安全のしくみ

大規模メンテナンスを実施する
東京メトロの車両工場

4カ所に分かれている車両工場

　東京メトロの車両工場は、**中野・綾瀬・深川・鷺沼**の4カ所で、それぞれ中野検車区・綾瀬検車区・深川検車区・鷺沼検車区に隣接しています。検車区に比べて数が少なく、複数の路線の車両を受け持っています。また、CRは第三軌条方式の車両と架空線方式の車両で、担当する工場が分けられています。

複数の路線の車両を担当する工場も

　4カ所の車両工場は、**それぞれ担当する路線を抱えています**。工場と担当路線が離れているケースもありますが、本線と本線を連絡する短絡線が設けられており、回送列車はそこを通過します。
　中野工場は東京都中野区に位置し、丸ノ内線分岐線**中野富士見町駅が最寄り**です。第三軌条の銀座線・丸ノ内線の車両を担当し、電化方式の違いから他線の車両は入庫できません。
　深川工場は東京都江東区に位置し、東西線**東陽町駅から南へ約700m**離れています。江東区営の野球グラウンドと東京都港湾局が管理する運河の一部が譲渡され、埋め立てて設けられました。東西線の車両を担当するほか、東西線で使用していた5000系を東葉高速鉄道1000形に改造することも手がけました。
　綾瀬工場は東京都足立区に位置し、千代田線支線**北綾瀬駅**の奥にあります。千代田線・有楽町線・南北線・副都心線と、南北線と相互直通運転を行なう埼玉高速鉄道の車両を担当しています。
　鷺沼工場は、神奈川県川崎市宮前区に位置し、**東急田園都市線鷺沼駅**に隣接しています。鷺沼車両基地が請け負っていた車両検修業務を1983年に分離して発足。日比谷線・半蔵門線の車両を担当しています。

豆知識
検車区と工場の境目
工場は検車区に隣接しており、敷地の境界線もあるのですが、素人目には区別が付きにくいのが実情です。検車区にある車両は一般的に、朝夕のラッシュの時間帯に出庫しており、あまり見当たらなくなります。

用語解説
東葉高速鉄道
国鉄（現・JR）総武線の混雑解消のため、営団地下鉄東西線を西船橋駅以東に延伸する計画がありました。その後、石油ショックによる不況や、成田空港の開業遅れで営団地下鉄は手を引き、第三セクター鉄道として開業したものが東葉高速鉄道です。1996年4月27日に開業し、同時に東西線と相互直通運転を行なっています。

点検・整備された後は床に置かれた台車と組み上げられ、元通りの形になってから、試運転を行ないます。

普段は入ることができない車両基地で、さまざまな体験や見学ができるイベントが行なわれています。

第8章 安心・安全のしくみ

🖙 車両工場

工場名	担当路線
中野	銀座線・丸ノ内線
深川	東西線
綾瀬	千代田線・有楽町線・副都心線・南北線
鷺沼	日比谷線・半蔵門線

🖙 車両工事所（CR）

工事所名	担当路線
小石川	銀座線・丸ノ内線
新木場	日比谷線・東西線・千代田線・有楽町線・半蔵門線・南北線・副都心線

法律によって定められている
車両の点検・整備

南北線9000系車両の組み立て作業。

分解して行なわれる工場での検査

　検査される車両は、組まれたローテーションに従って、車両工場に入場します（以下、中野工場を例に解説します）。

　全般検査・重要部検査を受ける車両は、工場内の留置線で1両ずつに分離され、工場建屋に送り込まれます。ここで門型天井クレーンにより車体が引き上げられ、**台車は台車職場へ、車体は車体職場へ**それぞれ送られます。台車はさらにモーター、集電靴などが取り外され、車体は床下機器の制御器、空気圧縮機、乗降扉、運転台機器などが取り外されます。工場での検査は、一度分解されるのです。

　検査が施された後は、再び組み立てられ、台車と車体がドッキングして車両が出来上がります。なお、検査期間は入場から出場まで20日間、重要部・全般検査そのものは15日間で施行されます。

> **用語解説**
>
> **全般検査**
> 車両から機器類、主要部品を取り外して分解し、細部まで検査を行ないます。定期検査としては最も大がかりなもので、オーバーホールに相当します。電車では8年以内に実施されることが、法律で決められています。
>
> **重要部検査**
> 走行や安全にかかわる制御装置・主電動機・駆動装置などを車両から取り外して、分解・整備を行ないます。新幹線以外の電車は4年以内、または60万km走行以内に実施することが法律で定められています。

車両洗浄装置によって車両の汚れは落とされます。

車両洗浄装置でほこりや汚れが取れ、綺麗になった車両は、しずくがしたたったまま、入線することもあります。

検車区での検査と点検

　検車区での定期検査には、10日以内に一度行なう「**列車検査**」、3カ月以内に一度行なう「**月検査**」、営業線に出る前に行なう「**出庫点検**」があります（P.184参照）。地下を主に走る鉄道の車両基地ですが、**地下の王子検車区、上野検車区以外は地上に設けられています**。敷地内には車両を点検する検車庫があり、その脇に留置線が延びています。朝夕ラッシュ時の検車区には車両の留置がほとんどありませんが、ラッシュ後の日中・深夜帯は留置線が車両で埋まります。

　地下鉄といえども、パンタグラフと架線が擦れることにより発生する鉄粉などで、列車の表面は汚れてきます。このため車両は頻繁に**洗浄機にかけられます**。銀座線渋谷駅の浅草方面ホームでは、渋谷駅奥の車庫で洗車機にかけられ、しずくがまだしたたっている車両が営業列車として入線することがあります。

> **豆知識**
> **洗浄機は2回通過する**
> 洗車は、電車が洗浄機を自走してくぐります。1回目は薬液をかけてブラシで汚れを落とします。続いて2回目にすすぎを行ないます。このように2回洗浄機を通過するところもあります。

第8章 安心・安全のしくみ

乗り心地の向上にかかわる
レールの種類としくみ

線路やトンネル内の検査は欠かせません。

レールの種類は1m当たりの重さで表示

　鉄道は、鉄車輪が鉄レール上を走ることで、小さなエネルギーでも重量物を輸送できる交通機関です。**レールは通常1m当たりの重量を製品の規格**としています。例えば1m当たり50kgのレールは「50kgレール」という具合です。1日当たりの列車の走行回数が増え、荷重のかかる幹線区間には、レール規格の数字が大きいものが使用されます。

　東京メトロでは**40kg以下のレールは車両基地**で使用し、**本線では50kg以上のレールを使用**しています。新幹線でも用いられている60kgレールは、有楽町線で初めて採用されました。このレールは従来の50kgNレールよりレール面の高さが21mm高く、レール強度が約1.5倍と、レール毀損も少ないものです。現在は60kgレールが主流で、日比谷線、東西線など、相互直通運転を行なう線区に採用されています。

POINT
道床の状況
東京メトロではバラスト（砕石）道床ではなく、メンテナンス作業をほとんど必要としない、経済性の高いコンクリート道床を主体にしています。道床別延長比率は、コンクリートが278.976m（67.8％）、バラストが126.232m（30.7％）、無道床が6.357m（1.5％）です。

用語解説
N型レール
海外で設計された従来のレールの欠点を補うために1961年に日本で設計された新しいレールで、50kgNレールと40kgNレールが規格化されました。従来のレールに比べて断面2次モーメントが50kgNレールで12％、40kgNレールで42％強化されています。

🔖 レールの種類

レールの種類	重量(kg)	標準長(m)	敷設区間
60kgレール	60.8	25	日比谷線、東西線及び千代田線の一部、有楽町線、半蔵門線、南北線、副都心線
50kgNレール	50.4	25	銀座線、丸ノ内線、日比谷線、東西線、千代田線、車両基地
50kgレール	50.4	25	丸ノ内線、車両基地
40kgNレール	40.9	25	車両基地
30kgレール	30.1	10	車両基地

🔖 防振枕木の断面図

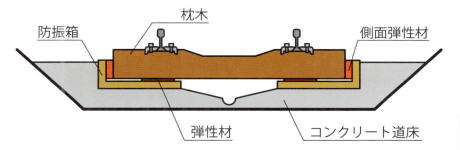

ロングレールの採用で騒音を減少

　レールとレールの継ぎ目に当たる部分を列車が通過すると、騒音が発生します。また騒音は、トンネル内で反響するため地上のように拡散せず、車内に届きます。

　このため東京メトロは、列車の走行音や振動を軽減し、乗り心地を向上させる**ロングレール化**を進めています。通常のレールは25mの長さで、夏の高温時に膨張することを想定して継ぎ目を若干開けています。そこに車輪が当たると「ガタンゴトン」という騒音が起こるのです。

　ロングレール化とは**25mのレールを溶接によって200m以上つなぎ合わせる**作業で、東京メトロではレールの交換時期に合わせて、**敷設可能な区間についてはロングレール化を進めて**います。

　また、枕木とコンクリート道床の間にゴム製の弾性材を入れた**防振枕木**の設置も進めています。

豆知識
ロングレールの敷設方法
レールは貨車や事業用車に積まれて運搬されますが、200mを超えるレールを積載することは不可能です。ロングレール化は、現地で溶接することで実現します。25m長のレールを次々現地でつなぎ合わせて、継ぎ目のないレールとし、騒音の低下を図っています。ロングレールのつくり方は、地上の鉄道でも同じ方法で行なわれます。

電車の走行から駅の照明まで
電気設備の概要

電力会社から受電して電車を動かす

　JR東日本は自前の発電所を所有していますが、一般的に鉄道会社は電力会社から電力を購入しています。東京メトロは東京電力から交流22kVまたは66kVの**高電圧**にて配電され、自社が保有する54カ所の変電所で列車の運行用として、電車線は直流1500V、第三軌条は直流600Vに**シリコン整流器**で変換します。変電所は1系統が故障しても電源が確保できるよう、22kVの予備受電線及び変電所間の連絡電線網が設備されています。

　駅施設、トンネルの換気・排水ポンプへは、付帯変圧器のある変電所で交流3.3kVまたは6.6kVに降圧して配電します。また、安全運行を支えるATC（自動列車制御装置）、分岐器、信号機などの保安設備も電力により管理されています。すべての**変電所は無人**で、保守省力化、電力の円滑な運用のため、総合指令所によってコンピューターで一括管理されています。

トンネル内の環境維持にも電力を使用

　路線の大半がトンネル内の地下鉄にとって、停電は最も避けたいものです。このため停電時でも乗客の安全を確保する**非常用電源装置**を用意しています。

　トンネル照明、及び万一の火災発生時に対処するための排煙機、消火ポンプ、浸水に対応する排水ポンプ用としては非常用発電機が設置されており、各駅へ送電されます。さらに各駅には非常照明や放送装置用に**蓄電池**が用意されています。

　地下空間の換気、熱の排出、湿度及びガスの排出など、空気環境維持にも電力が使用されています。送風機を使用し、駅部では主に給気、トンネル内では排気が行なわれています。なお、一部に列車の**ピストン作用**などを利用した自然排気も行なわれています。

POINT
回生ブレーキの電力

東京メトロの車両は、回生ブレーキを備えています。回生ブレーキとは、通常は駆動用のモーターをブレーキ時に逆回転させる電気ブレーキの一つ。モーターは発電機になり、発生した電力は架線や第三軌条を通じて変電所や近くの電車に使用されます。

用語解説
シリコン整流器

p型とn型のシリコン半導体を接合した整流用のダイオードです。効率が高く、熱にも強く、取り扱いが簡単、安価に製作できるなどの利点があります。整流器としては大電流高圧用を含め、ほとんどにシリコン整流器が用いられています。

豆知識
列車のピストン作用

トンネル内を列車が走行すると、逃げ場を失った空気が列車によって圧縮された状態になります。この圧縮空気は空間が広がる駅で開放されます。駅ホームに立っていると、列車が到着する前に列車が来る方向から風を感じますが、駅空間の換気にこれが利用されています。比較的、建設時期が早い銀座線・丸ノ内線・日比谷線、そして東西線の一部では70〜100ｍごとに地上に向けた換気口が設けられています。ただ近年では、送風機による換気が主体になっています。

電気設備の概要

【参考】 低圧：直流→750V以下
　　　　　　交流→600V以下
　　　　高圧：直流→750Vを超え7000V以下
　　　　　　交流→600Vを超え7000V以下
　　　　特圧（特別高圧）；7000Vを超える

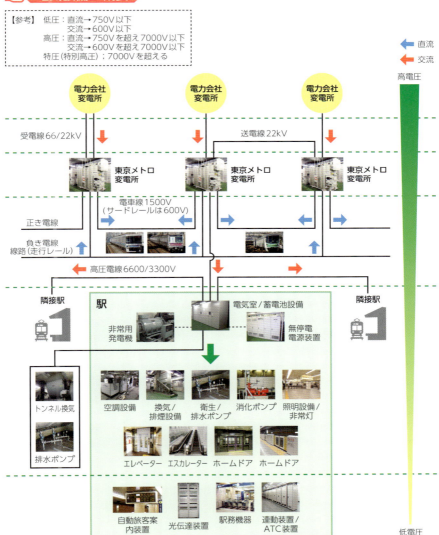

停電時でも安全を確保するため、非常用電源設備が設置されています。

第8章　安心・安全のしくみ

乗務員の運転を支援する
運転保安装置

常に最新の運転保安装置を導入

　列車には、運転支援を行なうための**さまざまな保安装置**が設置されてきました。初期は**ATS**（自動列車停止装置）が開発され、後に**ATC**へと進化していきました。地下鉄では東京メトロの前身、東京地下鉄道が日本で初めて**打子式ATS**を導入しました。現在、東 京 メ ト ロ は 全 路 線 に**CS-ATC**（Cab Signal-Automatic Station Stop Control＝高周波連続誘導式自動列車制御装置）を導入しています。これは運転台に制御情報を表示するもので、運転士は容易に情報の確認が行なえます。

　また、南北線を除く全路線でCS-ATCをさらに高性能化した**新CS-ATC**が導入されています。従来のATCでは段階的に速度を下げてきましたが、新CS-ATCでは信号コードの多現示化と一段ブレーキ制御により、速度制御をきめ細かく自動的に表示します。これによりラッシュ時の運転本数が増えました。

そのほかの最新信号保安設備

　丸ノ内線、千代田線支線、有楽町線、南北線、副都心線では**ATO**（Automatic Train Operation＝自動列車運転装置）によって自動運転が行なわれています。銀座線では**TASC**（Train Automatic Station Stop Control＝駅定位置停止装置）が採用されており、あらかじめ決められた停止位置で列車が止まります。

　このほか全路線に**PTC**（Programmed Traffic Control＝自動列車運行制御装置）が導入されており、列車の進路がダイヤデータで自動制御されています。さらに全車両基地にはマイクロコンピュータ制御による**PRC**（Programmed Route Control＝自動進路制御装置）が設備され、出入庫・車両基地内の転線の進路設定が自動的に行なわれています。

POINT
打子式ATCとは

初期のATS装置。信号機の前に打子というたたき棒をレール脇に設けます。進行現示の際、打子は寝ていますが、停止現示になると打子は起き上がります。列車が停止現示を無視して進むと、打子が台車に備えられたブレーキコックに当たり、ブレーキ弁は開放されてブレーキ管の圧縮空気がどんどん抜け、強制的にブレーキがかかるしくみです。構造が簡単で保守も容易だったため、長く使用されました。

用語解説
現示

信号の内容を色、音、形などによって表すことで、鉄道の専門用語です。信号は時とともに変わるため、「表示」ではなく「現示」を使用します。

新CS-ATCブレーキ制御方式のしくみ

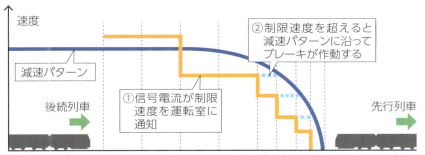

①信号電流が制限速度を運転室に通知
②制限速度を超えると減速パターンに沿ってブレーキが作動する
減速パターン
後続列車
先行列車

後続列車は減速パターンを自動的に計算しながら、制限速度を超えた場合、ブレーキ動作させてなめらかに減速します。制動距離を短く先行列車との間隔も詰めることができます。

初期のATS装置である「打子式ATS」。

ATOのしくみ

ATOは線路上の位置情報を知らせる地上子、地上子の情報を受信する車上子、列車の運転を制御する車上装置から構成されます。列車にはあらかじめプログラムされた運転パターンが記録され、地上子の情報を得て列車を自動運転します。東京のゆりかもめや日暮里・舎人ライナー、兵庫県神戸市の神戸新交通、愛知県の愛知高速交通リニモなどでは無人運転が行なわれています。

02系の運転台。ATCなどは運転台の計器で確認・操作できます。

駅の安全対策と非常停止のしくみ
ホームドアや可動ステップなどを設置

ホームドアの設置が進む

駅は鉄道会社にとって営業の最前線で、利用者との接点になる場所です。以前から、ホームと線路の間には仕切りがなく、乗客の線路内への転落や列車との接触事故が問題になっていますが、東京メトロでは南北線のホームを1991年の開業時にフルハイト（タイプ）のホームドアを設置しました（目黒駅を除く）。しかし、既設のホームをフルハイト（タイプ）とすることは工期やコスト面からも難しく、**ハーフハイト（タイプ）のホームドア・可動柵の設置**が進んでいます。

2016年度で**丸ノ内線・副都心線・有楽町線の全駅、千代田線綾瀬駅・北綾瀬駅、銀座線上野駅（渋谷方面ホーム）にホームドアの設置が完了しています**。

曲線ホームでは停車した列車の乗降扉とホームにすき間ができますが、これを埋める可動ステップが2016年度末時点で23駅258カ所に設置されています。

非常停止ボタンで一斉停車

ホームドア・可動柵・可動ステップの設置によって、乗客のホーム下への転落、列車との接触は少なくなっていますが、**ホーム上に非常停止ボタンが設置**されています。これを押すことで、ホーム、トンネル内、駅事務室に設置された表示器が点灯し、同時にブザーが鳴ることで運転士や駅職員に異常を知らせることができ、列車を緊急停止できます。非常停止ボタンは火災の発生・発見の際にも使用されます。このほかホームの安全を守る設備として、壁面・柱には**駅係員よびだしインターホン、自動体外式除細動器（AED）**が設置されています。また、車両とホームのすき間を埋める**転落防止ゴム**、ホーム下には**転落検知マット**、視認性の向上を図るために赤白のしま模様の**注意喚起シート**が設置されています。

POINT
フルハイト（タイプ）の利点
フルハイト（タイプ）はホーム全体を覆います。転落防止だけでなく、列車風の防御、ホームの温度管理など、乗客サービスを向上させる効果があります。

用語解説
ハーフハイト（タイプ）
高さが腰高以下のサイズを指します。現在、可動式ホーム柵としては一般的ですが、ホームからの転落防止に効果がある一方、線路下への手荷物落下や柵を乗り越える危険性は防げません。

豆知識
列車に
可動ステップが付く例
JRの山形・秋田新幹線E3系・E6系は、フル規格の新幹線車両より小型のミニ新幹線車両です。東北新幹線の駅ではホームとの間にすき間が生じるために、乗降口に可動ステップが装着されています。

南北線は比較的近年に開業したことから、当初からフルハイト(タイプ)のホームドアが設けられています。

非常時に乗客が押す非常停止ボタンは、ホーム上の柱や壁などに設置されています。

既存の駅では、ハーフハイト(タイプ)のホームドア・可動柵が設置されています。

第8章 安心・安全のしくみ

 Mini Column

ホームドア・可動柵の普及はコストの低下がカギ

フルスクリーン・ハーフハイトタイプのホームドア・可動柵はコストが高く、また工事期間も長くなる傾向があります。このためロープやバーが昇降する「昇降式ホーム柵」を導入する事業者もあります。安価に設置でき、メンテナンス費も抑えられますが、ロープに足をかけて飛び越えることができる弱点も指摘されています。国土交通省は2013年10月から約1年間、東急田園都市線つきみ野駅と相模鉄道いずみ野線弥生台駅でこの方式の現地試験を実施しました。両駅では試験終了後、いずれも撤去されましたが、2016年3月にJR西日本東海道本線高槻駅で昇降式ホーム柵が本格的に導入されています。

高槻駅

駅を守るための強風・降雨・地震対策
自然災害と運行規制

川を橋梁で越える東西線はしばしば強風による運転規制がかかります。

強風による運転規制

　地下鉄はトンネル内を走ることが多いため、強風や降雨による災害は起こりにくいと思うかもしれません。しかし、東京メトロは地上区間が意外と多い鉄道です。中でも東西線は高架線が続き、中川・荒川などを渡る橋梁は**強風による運転規制**が頻繁に実施されます。

　強風の影響を受けやすい**高架線や橋梁には風速計が設けられ**、総合指令所で風速の監視を行ない、**風速に応じた運転規制**を行なっています。風速計は日比谷線の隅田川、東西線の荒川・中川・第一江戸川・第二江戸川、千代田線の荒川、有楽町線の曙橋の各橋梁に設置されており、日比谷線南千住〜北千住間、東西線南砂町〜西船橋間、千代田線綾瀬〜北千住間、有楽町線辰巳〜新木場間では、風速が毎秒15m以上になったときに、運転速度を60km/h以下に規制します。

POINT
列車の運転再開
異状が発生した際は、まず列車を停止させることが重要です。その後、強風が収まる、あるいは余震が発生していなければ、目視で軌道・トンネル内に異状がないことを確認して、運転が再開されます。

地震による運転規制のしくみ

※P波は初期微動、S波は主要動

強風による運転規制

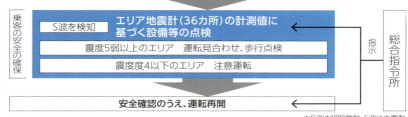

※1 東西線は20m/s以上　※2 東西線は25m/s以上

建造物の補強など震災対策も実施

浸水対策としては、浸水の恐れのある**駅出口を歩道より高い位置に設け、止水板や防水扉を設置**しています。また、トンネルにも断面を閉鎖できる**防水ゲート**を要所に備えていますが、トンネル内が冠水した場合は、**ポンプでトンネル外に排水**できるようになっています。

大規模地震対策には、阪神・淡路大震災の被害状況を参考に、**緊急耐震補強**としてトンネル中柱、高架橋、橋梁の橋桁、駅舎の耐震診断、坑口付近の液状化対策を実施しています。

強い揺れを感じたときに列車を安全に停車させるため、気象庁から発信される緊急地震速報を活用した**早期地震警報システム**の運用を2007年10月から始めました。東京メトロが独自に設置した地震計の計測値と早期地震警報システムのいずれかが規定値を超えたときは、全列車が直ちに運行を停止します。

豆知識

安全ポケットガイド

東京メトロでは、安全対策や災害発生時など緊急時の行動に際して利用者の注意事項を記載した「安全ポケットガイド」を作成しています。これは各駅で配布され、日本語のほか、英語・中国語（簡体字・繁体字）・韓国語の多言語版も用意されています。

グループで環境基本方針を制定

環境への取り組み

省エネ型車両の普及に取り組む

東京メトログループは、**地球環境問題を1つの経営課題ととらえ**、さまざまな角度から積極的な環境保全活動に取り組んでいます。

まず、長期環境戦略として、2020年度の東京メトロ全事業における**総エネルギー使用量を、2009年度実績より増加させない**ことを目指すとしています。そのうえで、列車の運行に使用する電力が、すべての消費エネルギーの半分を占めることから、車体を軽量アルミ合金製としたり、制御装置をVVVFインバータ制御方式へと変更することで、エネルギーの削減を進めています。また、**地中熱利用空調システム**を2015年度から中野車両基地、2016年度から総合研修訓練センターに導入しています。

照明のLED採用で省エネ化

近年、**照明のLED化**が進んでいますが、東京メトロでも長寿命で電力効率に優れたLED照明を駅や車両に採用するケースが増えています。LED照明は従来の蛍光灯並みの明るさを保ちながら、**消費電力を約40%削減できる**とされ、省エネルギー化に役立ちます。

車両では、2012年度に**銀座線1000系にLED照明**を本格的に採用して以来、新造車両や既存車両のリニューアルに合わせて導入を進め、2016年度までに223編成がLED照明に交換されています。

また、駅構内のLED照明化は、2011年度に**銀座線田原町駅**を皮切りに、改良工事やトイレ改装工事に併せて順次、導入を進めていて、2016年度までに33駅がLED照明化されています。なお、駅の案内看板、運賃表、駅名看板などのサインシステム、広告看板、駅出入口のシンボルマーク（ハートM）についてもLED照明化が進められています。

POINT
LED照明

発光ダイオード(Light Emitting Diode)のことで、白熱電球やメタルハライドランプより発光効率が高く、白熱電球に比べて20〜40倍、蛍光灯の約3倍(LEDの寿命は約4万時間)寿命を保ちます。

用語解説
ハートM

メトロ(フランス語で地下鉄Metro)の頭文字をハートに模した、東京メトロのシンボルマーク。地下鉄の出入り口や地図などに使用されています。

地中熱利用空調システム

地中の温度は1年を通じてほぼ一定で、夏と冬に地上と地中の間で10〜15℃の温度差があります。このシステムは地上と地中の温度差を効率的に用いるもので、化石燃料を直接使用しないため、CO_2の排出量削減が図られます。

東京メトログループ 環境基本方針

①私たちは、エネルギー効率の高い交通手段である地下鉄の利便性の向上と利用促進を通じて、東京の環境改善に貢献します。

②私たちは、エネルギーの効率的利用を心がけ、地球温暖化防止に努めます。

③私たちは、環境に優しい物品を積極的に使用し、資源消費や廃棄物の削減に努めます。

④私たちは、騒音や振動などの環境負荷の低減を図り、地域社会との調和を目指します。

⑤私たちは、環境に関連する法規制を遵守し、環境汚染の予防に努めます。

LED照明を最初に取り付けた銀座線1000系。

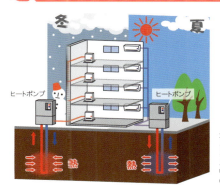

地中熱利用空調システムのしくみ

LED照明化したサインシステム。

地中の温度は1年を通じてほぼ一定であるため、夏と冬は地上と地中で10〜15℃の温度差が生じます。これを効率的に利用するのが地中熱利用空調システムです。ヒートポンプを活用して、水や不凍液を地中に循環させ、温度の高い物体から熱を奪い、温度の低い物体に伝えます。

第8章 安心・安全のしくみ

東京メトロ配線略図

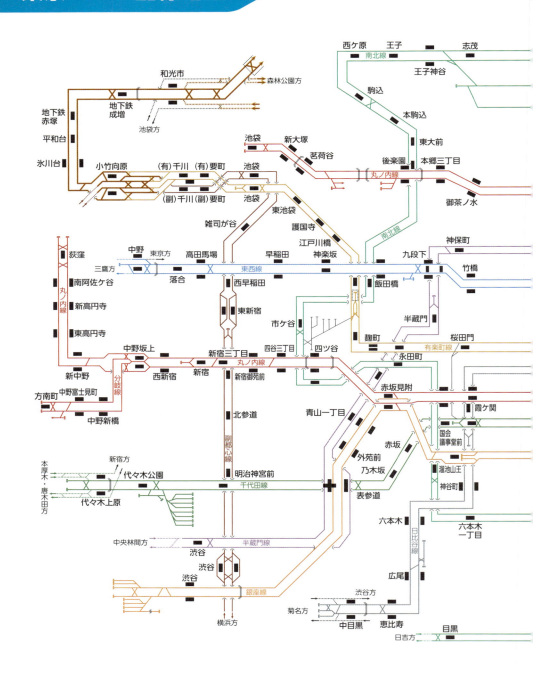

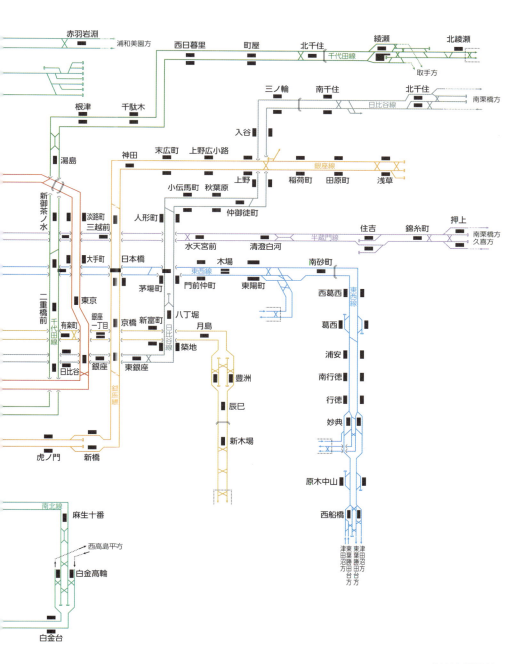

(2016年3月現在)

東京メトロの主な年譜

年	月日	事項
1903年 (明治36年)	3・31	東京市区改正設計高速鉄道網７路線を告示
1906年 (明治39年)	12・6	福沢桃介らが設立した東京地下電気鉄道が、高輪南町～浅草間、銀座～新宿間の地下鉄道免許を申請
1917年 (大正6年)	7・18	早川徳次らが設立した東京軽便地下鉄道が、高輪南町～浅草間、車坂～南千住間の地下鉄道免許を申請
1918年 (大正7年)	11・2	岡田治衛武らが設立した武蔵電気鉄道が、上目黒～渋谷～有楽町間の地下鉄道免許を申請
1919年 (大正8年)	11・17	東京軽便地下鉄道に地下鉄道免許が認可
	12・3	森恪らが設立した東京鉄道が、地下鉄道の免許を申請
1920年 (大正9年)	3・17	東京鉄道、東京高速鉄道、武蔵電気鉄道の地下鉄道免許が認可
	3・27	東京軽便地下鉄道が、東京地下鉄道に商号変更
1922年 (大正11年)	10・2	東京地下鉄道が、尾張町～八重洲町～日本橋間の地下鉄道免許を申請
1923年 (大正12年)	3・20	東京市が、一ツ橋～東京駅前～虎ノ門間の地下鉄道免許を申請
1924年 (大正13年)	1・14	東京地下鉄道が、五反田～亀戸間、淀橋～上野間の地下鉄道免許を申請も、９月４日に取り下げる
	8・−	東京鉄道、東京高速鉄道、武蔵電気鉄道の地下鉄道免許が失効
	9・4	東京地下鉄道が、渋谷～大塚間、目黒～浅草間、池袋～洲崎（現東陽町付近）間の地下鉄道免許を申請
	12・−	東京地下鉄道の車坂～南千住間の免許が失効
1925年 (大正14年)	1・8	東京市が、築地～小村井間ほか６路線の地下鉄道免許を申請
	3・30	内務省が東京都市計画高速度交通機関路線網５路線82・4kmを告示
	5・16	東京市に目黒～南千住間など４路線の地下鉄道免許が許可。東京地下鉄道が、三田～池上間の地下鉄道免許を申請
	9・27	東京地下鉄道が上野～浅草間を着工
1926年 (大正15年)	8・28	東京地下鉄道が東京市に市免許線譲渡願を提出
	8・30	東京地下鉄道が東京市免許線の全線に免許を申請
1927年 (昭和2年)	12・30	東京地下鉄道上野～浅草間が開業、上野～浅草間の所要時間は４分50秒

年	月日	事項
1928年(昭和3年)	5・19	東京地下鉄道に三田～五反田間の地下鉄道免許を許可
1929年(昭和4年)	5・20	東京地下鉄道に五反田～馬込間の地下鉄道免許が許可
	10・1	東京地下鉄道の雷門ビルが落成、付帯事業として地下鉄食堂の営業を開始
1930年(昭和5年)	1・1	東京地下鉄道上野～万世橋（仮）間が開業、浅草～万世橋間の所要時間は8分
	4・1	東京地下鉄道が、上野駅地下1階に「地下鉄ストア」を開設
1931年(昭和6年)	11・21	東京地下鉄道万世橋（仮）～神田間が開業。万世橋（仮）駅は廃止。浅草～神田間の所要時間は9分30秒
1932年(昭和7年)	4・29	東京地下鉄道神田～三越前間を開業、浅草～三越前間の所要時間は11分15秒
	10・1	東京市が東京高速鉄道に渋谷町～東京駅間、淀橋町～築地間の免許線を譲渡
	12・24	東京地下鉄道三越前～京橋間が開業、浅草～京橋間の所要時間は14分20秒
1934年(昭和9年)	3・3	東京地下鉄道京橋～銀座間が開業、浅草～銀座間の所要時間は15分50秒
	6・21	東京地下鉄道銀座～新橋間が開業、浅草～新橋間の所要時間は16分
1937年(昭和12年)	6・28	京浜地下鉄道が、東京地下鉄道から新橋～品川間の免許線を譲受
1938年(昭和13年)	8・1	陸上交通事業調整法が施行
	11・18	東京高速鉄道青山六丁目（現・表参道）～虎ノ門間が開業、所要時間は12分
	12・20	東京高速鉄道渋谷～青山六丁目間が開業、渋谷～虎ノ門間の所要時間は11分
1939年(昭和14年)	1・15	東京高速鉄道虎ノ門～新橋間が開業、渋谷～新橋間の所要時間は13分
	9・16	東京地下鉄道と東京高速鉄道が相互直通運転を開始、渋谷～浅草間の所要時間は32分
1940年(昭和15年)	1・16	東京地下鉄道の社長に早川徳次が就任
	12・28	東京地下鉄道の社長に中村久萬吉が就任

東京メトロの主な年譜

年	月日	事項
1941年（昭和16年）	7・4	帝都高速度交通営団が設立
	9・1	東京地下鉄道・東京高速鉄道・東京市・京浜地下鉄道が、帝都高速度交通営団に所属。営団は営業線と計画線を引き継ぐ
	12・1	全列車を2～3両編成とし、単行運転を廃止
1942年（昭和17年）	8・1	渋谷行ホームを1番線、浅草行ホームを2番線と改称
	12・31	平日の列車をすべて3両編成とする
1943年（昭和18年）	1・19	戦争激化による節電のため、一部列車を三越前駅折り返しとする。浅草～渋谷間の所要時間が33分に低下、休日は三越前駅折り返し列車を運休し、昼間の単行運転を廃止
	12・9	徴兵による職員数の減少により、女性車掌の第1期生12人が就業、以後逐次増員される
1944年（昭和19年）	4・1	節電のため、一部列車を上野～渋谷間折り返しで運転
	6・16	戦争激化により、赤坂見附～四谷見附間の土木工事を中止
	8・25	女性運転士が誕生
	10・10	多客のため、17時～19時30分の一部列車で、虎ノ門～渋谷間ノンストップ急行運転を実施
1945年（昭和20年）	1・27	銀座駅が空襲を受ける。浅草～三越前間、新橋～渋谷間の折り返し運転実施
	2・25	上野本社ビルが空襲を受ける
	4・1	運賃を全線20銭の均一に改定
	5・25	渋谷車庫の空襲で、電車5両が焼損
	6・1	在籍車両84両中、可動車は24両に減少。10分間隔での運転を実施
		戦災により駅周辺が過疎となったため、10月14日まで田原町駅・末広町駅を通過扱いとする
	9・15	終戦後の復旧により、可動車が33両に増加
	10・1	朝夕ラッシュ時6分、昼間7分間隔運転とする
	10・10	虎ノ門～渋谷間で年末までノンストップ列車運転を実施
	10・13	終日6分間隔運転を実施
1946年（昭和21年）	2・1	運賃を全線30銭均一に改定、以後インフレにより小刻みに値上げし、翌年末には2円均一に改定

年	月日	事項
	10・15	終日5分間隔運転を実施
1948年（昭和23年）	5・1	浅草～渋谷間の所要時間が40分に向上、運転間隔は4分30秒に（昭和22年は42分）
	5・18	運賃を3円50銭均一に改定、7月18日には7円均一に改定
1950年（昭和25年）	5・12	運賃を10円均一に改定
	9・10	連絡手荷物取り扱いを廃止
1951年（昭和26年）	4・6	米国対日援助見返り資金2億5000万円を借り入れ
	4・20	第4号線池袋～新宿間の土木工事に着手
	4・26	朝夕ラッシュ時に3分間隔運転を実施
	12・28	運賃を15円均一に改定
1952年（昭和27年）	3・1	浅草～渋谷間の所要時間を36分に向上
	10・11	浅草～渋谷間の所要時間を34分に向上
	11・22	第4号線の計画ルートが、池袋～神田間から池袋～御茶ノ水間に変更
	12・11	朝夕ラッシュ時の一部列車を2分間隔で運転
1953年（昭和28年）	7・31	渋谷駅の天井に扇風機を設置
	8・1	米国対日援助見返り資金2億5000万円を日本開発銀行に移管
	8・11	既設の非常電話装置に非常発報機構を加えた「非常警報装置」を設備
	12・1	宣伝・広告・車体に使用する記章としてSマークを制定
		第3号線渋谷～浅草間を「銀座線」、第4H池袋～新宿間を「丸ノ内線」とする
1954年（昭和29年）	1・20	丸ノ内線池袋～御茶ノ水間が開業
	4・1	丸ノ内線の朝ラッシュ時を3両編成、ほかは2両編成とする
	7・28	銀座線渋谷車庫の拡張工事が完了、9月29日には車両自動洗浄機を導入
1955年（昭和30年）	5・1	輸送力増強のため、銀座線列車の3分の1を4両編成とする
1956年（昭和31年）	2・1	運賃を銀座線・丸ノ内線同一の20円均一とする
	2・15	銀座線・丸ノ内線の終車時刻を30分繰り下げ

東京メトロの主な年譜

年	月日	事項
	3・20	丸ノ内線御茶ノ水～淡路町間が開業
	5・21	新橋駅・銀座駅に自動券売機を各1台設置
	6・2	財団法人地下鉄互助会が設立
	6・10	銀座線の車両に扇風機取り付けを完了
	7・20	丸ノ内線淡路町～東京間が開業
	10・1	銀座線輸送力増強で、5両編成列車が登場
1957年（昭和32年）	4・15	丸ノ内線の運転間隔を朝ラッシュ時2分30秒とする
	9・24	東武鉄道・東京急行電鉄と第2号線列車相互直通運転に関する覚書を交換
	12・15	丸ノ内線東京～西銀座（現・銀座）間が開業
1958年（昭和33年）	10・15	丸ノ内線西銀座～霞ケ関間が開業
	10・30	小石川工場に、日本で2番目の車両転削盤を導入
	11・1	駅・列車にトランジスタメガホンを設置
1959年（昭和34年）	3・15	丸ノ内線霞ケ関～新宿間が開業
	5・1	第2号線北千住～中目黒間の土木工事に着手
	7・11	銀座線の主要駅での停車時間を切り詰め、浅草～渋谷間の所要時間を34分30秒とする
1960年（昭和35年）	1・26	丸ノ内線でATC（自動列車制御装置）の公開試運転を実施
	3・1	Sマークを営団の紋章に制定
	4・10	運賃を25円均一に改定
		PR誌「メトロニュース」発刊
	10・21	第4号線新宿駅以西の名称を「荻窪線」、第2号線を「日比谷線」と決定
	11・28	銀座線で初めて6両編成運転を実施、丸ノ内線は全列車が5両編成に
1961年（昭和36年）	2・8	荻窪線新宿～新中野間、中野坂上～中野富士見町間が開業
		運賃は線別均一制に変更
	3・28	日比谷線南千住～仲御徒町間が開業

214

年	月日	事項
	6・1	都営地下鉄第1号線（現・浅草線）と浅草駅で連絡運輸を開始、同時に相互連絡運賃制を実施
	11・1	荻窪線新中野～南阿佐ケ谷間が開業
		対キロ区間制運賃を採用する
1962年（昭和37年）	1・23	荻窪線南阿佐ケ谷～荻窪間が開業
	3・23	荻窪線中野富士見町～方南町間が開業
	4・16	日比谷線南千住～上野間でATO（自動列車運転装置）の公開試験運転を実施
	5・31	日比谷線北千住～南千住間、仲御徒町～人形町間が開業、東武伊勢崎線と北越谷～人形町間で相互直通運転を開始
	12・21	荻窪線荻窪駅で国鉄と連絡地下通路を使用開始
1963年（昭和38年）	2・28	日比谷線人形町～東銀座間が開業
1964年（昭和39年）	1・20	東京医科歯科大学歯学部付属病院敷地内に「お茶の水貝塚」の碑を建立
	3・25	日比谷線霞ケ関～恵比寿間が開業
	7・22	日比谷線恵比寿～中目黒間が開業
	8・5	銀座線でテープによる車内放送を開始
	8・29	日比谷線東銀座～霞ケ関間が開業、東武伊勢崎線北越谷駅、東急東横線日吉駅まで相互乗り入れを実施
		丸ノ内線西銀座駅を銀座駅に改称
	9・8	日比谷線南千住～人形町間でATOを使用開始
	10・27	第5号線の呼称を東西線に決定
	12・18	第6号線大手町～巣鴨間の免許を東京都へ譲渡
	12・23	東西線高田馬場～九段下間が開業
1965年（昭和40年）	9・1	丸ノ内線・日比谷線の主要駅に行先表示板を設置
1966年（昭和41年）	3・16	東西線中野～高田馬場間、九段下～竹橋間が開業
	4・28	東西線竹橋～国鉄中央線荻窪間で営団車両による直通運転を開始
	9・19	銀座線で誘導無線の使用を開始

東京メトロの主な年譜

年	月日	事項
	10・1	東西線竹橋～大手町間が開業、同時に国鉄車両も東西線に乗り入れ、相互直通運転を開始
		営団初のアルミ車両 5000 系が運行開始
1967年(昭和42年)	7・10	国会議事堂前駅にホーム監視用テレビを設置
	9・14	東西線大手町～東陽町間が開業
	12・20	他社線との接続を考慮して、全線で始終発時刻を 20 ～ 30 分繰り下げ
1968年(昭和43年)	1・27	日比谷線神谷町～六本木間で列車火災事故が発生
	3・29	銀座線の地下車庫の拡張工事が完成
	4・1	全線で始発時刻を約 30 分繰り上げ
	11・26	丸ノ内線池袋駅で、混雑時間帯の禁煙運動を開始
	12・20	丸ノ内線・荻窪線に誘導無線装置を設置
1969年(昭和44年)	3・29	東西線東陽町～西船橋間が開業、あわせて同区間無停車の快速運転を開始。国鉄中央線との相互直通運転区間を荻窪～西船橋間とする
	4・8	東西線の営団車両による直通運転区間が、国鉄総武線津田沼駅まで延長。中央線の相互直通運転は三鷹駅まで延長
	9・26	第 9 号線の呼称を「千代田線」と決定
	12・20	千代田線北千住～大手町間が開業、列車編成は 3 両
1970年(昭和45年)	1・12	銀座線第 1 号車両 1001 号車を交通博物館へ寄贈
	10・7	日比谷線北千住～中目黒間で ATO の使用開始
1971年(昭和46年)	3・20	千代田線大手町～霞ケ関間が開業、6000 系 10 両編成列車の運行を開始
	4・10	千代田線明治神宮前駅付近で、ナウマン象の化石を発掘
	4・20	千代田線綾瀬～北千住間が開業、国鉄常磐（緩行）線と我孫子～霞ケ関間で相互直通運転を開始
	7・1	日本橋・銀座両駅、及び銀座線上野～稲荷町間のトンネル内で冷房を開始
1972年(昭和47年)	4・1	荻窪線の名称を廃止し、丸ノ内線に統一
	8・26	6000 系が鉄道友の会ローレル賞を受賞

年	月日	事項
	10・20	千代田線霞ケ関〜代々木公園間が開業、小田急電鉄代々木八幡駅と徒歩連絡を開始
		神宮前駅を表参道駅に改称
	12・31	初めて終夜運転を実施
1974年（昭和49年）	1・9	第8号線の呼称を「有楽町線」と決定
	10・30	有楽町線池袋〜銀座一丁目間が開業
1975年（昭和50年）	6・9	東西線快速列車が浦安駅に停車
1976年（昭和51年）	5・1	国立科学博物館に、東西線のシールド模型を恒久的に展示
	9・22	有楽町線にPTC（自動列車運行制御装置）を導入
	12・1	銀座線表参道駅が移転、新ホームの使用を開始
1977年（昭和52年）	12・1	日比谷線・東武伊勢崎線北千住駅と千代田線北千住駅の連絡通路が完成
	12・6	地下鉄開業50周年祝賀会を開催
1978年（昭和53年）	2・28	東西線荒川・中川橋梁で、竜巻による列車脱線事故が発生
	3・31	千代田線代々木公園〜代々木上原間が開業し、同時に小田急本厚木駅まで相互直通運転を開始。これにより国鉄常磐線〜千代田線〜小田急小田原線の我孫子〜本厚木間87.4kmのロングラン運転が始まる
	6・1	第11号線の呼称を「半蔵門線」と決定
	8・1	半蔵門線渋谷〜青山一丁目間が開業、東急電鉄車両により新玉川線二子玉川園（現・田園都市線二子玉川）駅まで直通運転を開始
1979年（昭和54年）	9・21	半蔵門線青山一丁目〜永田町間が開業
	10・1	東西線西葛西駅が開業
	12・20	千代田線北綾瀬支線綾瀬〜北綾瀬間が開業、列車は3両編成
1980年（昭和55年）	3・27	有楽町線銀座一丁目〜新富町間が開業
1981年（昭和56年）	3・16	日比谷線の東武伊勢崎線への直通運転を東武動物公園駅まで延長
	3・27	東西線南行徳駅が開業
	4・1	半蔵門線で8000系の運行を開始、東急田園都市線との直通運転区間をつきみ野駅まで延長

217

東京メトロの主な年譜

年	月日	事項
	11・16	丸ノ内線分岐線を3両編成に増強
1982年(昭和57年)	4・1	8000系のボルスタレス台車が、日本機械学会賞を受賞
	9・12	神田川の氾濫によりトンネル内へ浸水し、中野坂上〜方南町間が運転休止、翌日復旧
	11・15	千代田線が国鉄常磐線取手駅まで直通運転を開始
	12・9	半蔵門線永田町〜半蔵門間が開業
1983年(昭和58年)	6・24	有楽町線営団成増(現・地下鉄成増)〜池袋間が開業
	7・22	営団サインシステムのマニュアルが、日本デザイン協会のSDA大賞・部門賞を受賞
	9・20	銀座線01系試作車が登場
	10・1	西武有楽町線新桜台〜小竹向原間との直通運転を開始
1984年(昭和59年)	1・25	私鉄との相互直通運転区間に、乗り継ぎ割引運賃制度を導入
	4・9	半蔵門線の相互直通運転区間が東急田園都市線中央林間駅まで延長
	11・30	01系が営業運転を開始
1985年(昭和60年)	5・6	皇太子(現・天皇陛下)ご一家が半蔵門線にご乗車
	8・31	01系が鉄道友の会ローレル賞を受賞
1986年(昭和61年)	7・12	東西線葛西駅高架下に地下鉄博物館を開館
1987年(昭和62年)	8・25	有楽町線和光市〜営団成増間が開業、東武東上線川越市駅まで相互直通運転を開始
	9・30	営団の在籍車両が2000両を突破
	10・1	13駅で終日禁煙を実施
1988年(昭和63年)	1・1	全駅で終日禁煙を実施
	4・1	プリペイドカード「メトロカード」の発売を開始
	6・1	日比谷線・東西線・千代田線・有楽町線・半蔵門線の226両で車内冷房を開始
	6・8	有楽町線新富町〜新木場間が開業
	7・1	日比谷線03系車両の運転を開始

年	月日	事項
	10・17	丸ノ内線02系車両の運転を開始
	11・16	東西線05系車両の運転を開始
1989年 (昭和64/平成元年)	1・26	半蔵門線半蔵門～三越前間が開業
	5・26	有楽町線建設が土木学会技術賞を受賞
	8・19	日比谷線に土曜日ダイヤを導入
	12・20	鉄道友の会から1989年鉄道趣味顕彰「グローリア賞」受賞
1990年(平成2年)	2・16	営団のサインデザインが日本デザイン賞を受賞
	3・22	メトロビジョンを銀座駅・日本橋駅・上野駅に設置
	7・18	丸ノ内線に冷房試作車が登場、8月13日には銀座線にも
	9・17	日比谷線の混雑緩和対策として03系5扉車が登場
	11・28	半蔵門線三越前～水天宮前間が開業
	12・15	自動改札機の本格導入が始まる
1991年(平成3年)	4・1	「メトロ＆新幹線きっぷ」の発売を開始
	7・1	第7号線の呼称を「南北線」に決定
	10・16	東西線05系でワイドドア車の運転を開始
	11・29	南北線駒込～赤羽岩淵間が開業、営団で初めてホームドアを設置、9000系で運行
		NSメトロカードの発売を開始
1992年(平成4年)	6・16	日比谷線中目黒駅構内で車両衝突事故が発生
1993年(平成5年)	3・18	千代田線06系、有楽町線07系の運行を開始
	3・一	丸ノ内線で車両振動検出装置を導入
	4・1	車内広告貸切列車「Uライナー」を銀座線と丸ノ内線で運行開始
	7・1	女性職員の駅勤務を開始、初めは4駅務区に8人配属
	7・6	丸ノ内線分岐線の2000形を廃止し、500形に置き換え
	7・31	銀座線の全車両が01系に置き換え完了
	8・27	トンネルが冠水するなど、台風11号による水害が発生

東京メトロの主な年譜

年	月日	事項
1994年（平成6年）	4・15	銀座線・丸ノ内線・南北線を除き、弱冷房車を導入
	6・1	もと丸ノ内線 500 形がアルゼンチン・ブエノスアイレスに輸出
		東西線にアルミ・リサイクル車両が運行
	7・23	日比谷線の車両が 03 系に置き換え完了
	12・7	有楽町線の複々線区間、小竹向原～池袋間と、新線池袋駅が開業
1995年（平成7年）	3・20	地下鉄サリン事件が発生
	5・8	駅構内監視テレビ装置の使用を開始
	9・1	時差回数券、土・休日割引回数券を発売
	10・一	構造物耐震補強工事に着手
1996年（平成8年）	3・26	南北線四ツ谷～駒込間が開業
		営団と都営でストアードフェアシステムの共通化を実施し、SF メトロカードを導入
	4・1	全車両にシルバーシートを設置
	4・27	東西線と東葉高速鉄道との相互直通運転が開始
	5・28	丸ノ内線に西新宿駅が開業
	7・19	営団全線で車両冷房 100% を達成
		丸ノ内線車両が 02 系に置き換え完了
	7・23	日比谷線北千住駅ホームを 3 階に移設
	10・1	営団地下鉄のホームページを開設
	10・18	南北線四ツ谷駅が鉄道建築協会の協会賞作品部門推薦を受賞
	12・2	南北線四ツ谷～本駒込間への展開などで、日本デザイン協会から優秀賞を受賞
1997年（平成9年）	1・29	戦後初めて、女性車掌が誕生
	3・25	日比谷線北千住駅の大規模改良工事が竣工
	9・30	南北線溜池山王～四ツ谷間が開業、銀座線に溜池山王駅が開業
	10・14	浅草駅が「関東の駅百選」に選定
	11・24	銀座線で「70 周年記念列車」の運行を開始
1998年（平成10年）	3・26	有楽町線と西武池袋線との直通運転区間を飯能駅まで延長

年	月日	事項
	10・8	溜池山王駅が「関東の駅百選」に選定
	12・25	点字運賃表を全駅に設置完了
1999年 (平成11年)	1・10	赤外線カメラによるトンネル検査車が完成
	7・28	半蔵門線水天宮前〜押上間建設工事で泥土圧シールド工法を初めて採用
	10・14	後楽園駅が「関東の駅百選」に選定
2000年 (平成12年)	1・22	東西線妙典駅が開業
	2・20	渋谷車両基地の改良工事が完成
	3・6	都営地下鉄と共通の地下鉄駅出入口統一案内標識 (ピクトグラム) を設置
	3・15	タッチパネル式券売機を導入
	4・19	日比谷線全線に脱線防止ガードを取り付け
	6・8	銀座駅が「関東の駅百選」に選定
	6・一	全線の半径 200m 以下のカーブに脱線防止ガードを取り付け
	9・26	南北線目黒〜溜池山王間が開業、東急目黒線武蔵小杉駅まで相互直通運転を開始、南北線に弱冷房車を導入
	10・14	首都圏民鉄・バスの共通乗車カードシステム「パスネット」を導入、乗車確認システム (フェアスルーシステム) を開始
	12・12	営団・都営地下鉄共通一日乗車券を発売
2001年 (平成13年)	3・28	埼玉高速鉄道が開業、南北線と相互直通運転を開始
		営団全線のダイヤが平日と土・休日ダイヤの 2 本立てに
2002年 (平成14年)	3・14	戦後初の女性運転士が誕生
	3・23	千代田線北綾瀬支線でワンマン運転を開始
	5・31	南北線が平成 13 年度土木学会技術賞を受賞
	12・11	東京地下鉄株式会社法案が成立
2003年 (平成15年)	1・7	半蔵門線 08 系が運行開始
	1・31	保有車両が 2500 両を突破
	3・19	半蔵門線水天宮前〜押上間が開業、相互直通運転区間を東武日光線南栗橋駅までとする。同時に日比谷線と東武線の相互直通運転区間も南栗橋駅まで延長

東京メトロの主な年譜

年	月日	事項
2004年（平成16年）	1・27	新会社、東京地下鉄の愛称・シンボルマーク・制服を発表
	2・6	「東京メトロ2日間オープンチケット」を発売
	4・1	東京地下鉄株式会社が設立。新しい案内サインシステムと、駅ナンバリングなどを導入
	5・8	丸ノ内線分岐線中野坂上～方南町間でホームドアを稼働、7月3日には同区間でワンマン運転を開始
2005年（平成17年）	5・9	半蔵門線全線に女性専用車両を導入、以後各線に広がる
	12・2	駅ナカ施設「Echika（エチカ）表参道」がオープン
2006年（平成18年）	3・18	半蔵門線の相互直通運転区間が東武伊勢崎線久喜駅まで延長
	6・1	33カ所にエリア地震計を設置し運用を開始
	9・1	有楽町線10000系が運行開始。10月3日に「グッドデザイン賞」を受賞
	10・15	5000系がインドネシアへ売却
2007年（平成19年）	1・10	全日本空輸と営業提携に合意
	1・24	第13号線の呼称を「副都心線」に決定
	3・18	共通IC乗車券「PASMO」を導入
	12・30	地下鉄開通80周年を迎える
2008年（平成20年）	1・10	「パスネット」の発売終了
	3・10	駅構内にAEDの設置完了
	3・15	小田急の60000形ロマンスカー「MSE」が千代田線に乗り入れ開始
	3・23	丸ノ内線池袋～荻窪間でホームドアを稼働開始
	6・14	副都心線小竹向原～渋谷間が全線開通、西武池袋線飯能駅、東武東上線森林公園駅まで相互直通運転を開始。有楽町線は東武東上線森林公園駅まで相互直通運転区間を延長
	6・22	南北線は東急目黒線日吉駅まで相互直通運転区間を延長
	8・29	銀座線浅草～新橋間の土木構築物が、選奨土木遺産に認定
	9・12	千代田線北綾瀬駅で太陽光発電システムを使用開始
2009年（平成21年）	2・6	銀座線全線、旧東京高速鉄道新橋駅、旧1000形などが「近代化産業遺産」に認定